O trabalho e a técnica

O trabalho e a técnica

Ivan Domingues

FILOSOFIAS: O PRAZER DO PENSAR
Coleção dirigida por
Marilena Chaui e Juvenal Savian Filho

wmf **martinsfontes**
São Paulo 2016

*Copyright © 2016, Editora WMF Martins Fontes Ltda.,
São Paulo, para a presente edição.*

1ª edição 2016

Edição de texto
Juvenal Savian Filho
Acompanhamento editorial
Helena Guimarães Bittencourt
Revisões gráficas
Letícia Braun
Solange Martins
Edição de arte
Katia Harumi Terasaka
Produção gráfica
Geraldo Alves
Paginação
Moacir Katsumi Matsusaki

Dados Internacionais de Catalogação na Publicação (CIP)
(Câmara Brasileira do Livro, SP, Brasil)

Domingues, Ivan
 O trabalho e a técnica / Ivan Domingues. – São Paulo : Editora WMF Martins Fontes, 2016. – (Filosofias : o prazer do pensar / dirigida por Marilena Chaui e Juvenal Savian Filho)

 ISBN 978-85-469-0048-0

 1. Filosofia da técnica 2. Trabalho I. Chaui, Marilena. II. Savian Filho, Juvenal. III. Título. IV. Série.

16-02306 CDD-100

Índices para catálogo sistemático:
1. Filosofia 100

Todos os direitos desta edição reservados à
Editora WMF Martins Fontes Ltda.
*Rua Prof. Laerte Ramos de Carvalho, 133 01325-030 São Paulo SP Brasil
Tel. (11) 3293-8150 Fax (11) 3101-1042
e-mail: info@wmfmartinsfontes.com.br http://www.wmfmartinsfontes.com.br*

SUMÁRIO

Apresentação • 7
Introdução • 9

1 A técnica • 21
2 O trabalho • 50
3 Conclusão • 75

Ouvindo os textos • 79
Exercitando a reflexão • 97
Dicas de viagem • 106
Leituras recomendadas • 111

APRESENTAÇÃO
Marilena Chaui e Juvenal Savian Filho

O exercício do pensamento é algo muito prazeroso, e é com essa convicção que convidamos você a viajar conosco pelas reflexões de cada um dos volumes da coleção *Filosofias: o prazer do pensar.*

Atualmente, fala-se sempre que os exercícios físicos dão muito prazer. Quando o corpo está bem treinado, ele não apenas se sente bem com os exercícios, mas tem necessidade de continuar a repeti-los sempre. Nossa experiência é a mesma com o pensamento: uma vez habituados a refletir, nossa mente tem prazer em exercitar-se e quer expandir-se sempre mais. E com a vantagem de que o pensamento não é apenas uma atividade mental, mas envolve também o corpo. É o ser humano inteiro que reflete e tem o prazer do pensamento!

Essa é a experiência que desejamos partilhar com nossos leitores. Cada um dos volumes desta coleção foi concebido para auxiliá-lo a exercitar o seu pensar. Os temas foram cuidadosamente selecionados para abordar os tópicos mais importantes da reflexão filosófica atual, sempre conectados com a história do pensamento.

Assim, a coleção destina-se tanto àqueles que desejam iniciar-se nos caminhos das diferentes filosofias como àqueles que já estão habituados a eles e querem continuar o exercício da reflexão. E falamos de "filosofias", no plural, pois não há apenas uma forma de pensamento. Pelo contrário, há um caleidoscópio de cores filosóficas muito diferentes e intensas.

Ao mesmo tempo, esses volumes são também um material rico para o uso de professores e estudantes de Filosofia, pois estão inteiramente de acordo com as orientações curriculares do Ministério da Educação para o Ensino Médio e com as expectativas dos cursos básicos de Filosofia para as faculdades brasileiras. Os autores são especialistas reconhecidos em suas áreas, criativos e perspicazes, inteiramente preparados para os objetivos dessa viagem pelo país multifacetado das filosofias.

Seja bem-vindo e boa viagem!

INTRODUÇÃO

Os leitores encontrarão neste estudo uma reflexão filosófica sobre a relação entre o trabalho e a técnica. Por razões didáticas, vou inverter os termos, vou começar pela técnica e as principais visões ou concepções que a acompanharam ao longo da História e terminar pelo tema do trabalho, suas várias modalidades e suas múltiplas relações com a técnica.

Técnica e trabalho serão tomados aqui como categorias antropológicas e, desse ponto de vista, buscar-se-á no *ánthropos* tanto o liame quanto o fundamento da relação. Além de combinar investigação histórica e análise filosófica dos problemas e conceitos, levando à introdução de distinções analíticas do material recenseado, procurarei servir-me de paradigmas – nomeadamente o do artesão e o do engenheiro – para iluminar uma matéria reconhecidamente opaca e de aproximação difícil.

A estratégia que vou seguir com a companhia dos leitores consistirá em tomar a técnica – de certo modo como faziam os antigos filósofos gregos – como categoria da ação ou da prática, em cujo âmbito serão encontrados o trabalho, os ofícios, as ferramentas e outras atividades, tais como ler e escrever. Todos eles fazem parte do mesmo campo semântico; porém, representam categorias distintas, mesmo que por vezes se apresentem encavaladas e sobrepostas.

A dificuldade que logo se verá é a de descontaminar a análise da ação ou da prática das excrescências da empiria e das inconveniências da linguagem corrente, que não foi modelada para atender às demandas dos filósofos. Essa dificuldade leva os estudiosos a usar mais de um termo para exprimir o que desejam, correndo o risco de complicar ainda mais a matéria.

Os gregos também já haviam percebido isso e, na falta de um vocábulo unificador, introduziram uma variação de termos para exprimir os vários conceitos referentes à relação entre trabalho e técnica, sem, no entanto, chegar a um acordo lógico nem a um léxico unificado. Por exemplo, ao falar do ser humano (*ánthropos*), os gregos o entendiam como ser *natural* e ser *moral*, ser *racional* e ser *político*, para não falar de ser *técnico* e ser *quase divino* (a maior das maravilhas da Natureza, como canta o coro no início de *Antígona*, a famosa peça de Sófocles [495-406 a.C.]) e mesmo de ser *divino*, tal como retratado por Hesíodo [séc. VIII a.C.] na obra *Teogonia* (genealogia dos deuses e dos titãs).

A respeito do vocabulário grego da técnica e do trabalho, alguns conceitos podem ser aqui destacados, tais como *técnica*, *ação*, *teoria* e *ciência*:

(a) técnica: em grego, o termo que designava esse conceito era *tékhne*, denominação para as artes úteis e as belas artes (vistas como o oposto de tudo aquilo que se produz por acaso). Nas tradições latina e medieval, esse conceito deu origem à distinção entre artes liberais e artes mecânicas, as primeiras ensinadas nas universidades, e as segundas, nos ateliês e corporações de ofícios;

(b) ação: o que se designa por esse termo era distinguido pelos gregos em:

    (b.1) produção (*poíesis*) – atividade transitiva do ser humano, ou seja, atividade que visava a produção de algo (um objeto, uma coisa, uma peça de artesanato, um navio, um poema, uma escultura etc.); em síntese, o termo *poíesis* tinha a acepção de "fazer", "produzir" e "operar";

(b.2) trabalho (*érgon* e *pónos*) – atividade também transitiva, visando a produção de algo, tal como na atividade própria da *tékhne* e da *poíesis*; porém, com o termo *érgon* os gregos designavam o trabalho propriamente dito, a ação de realizar algo (por exemplo, cultivar a terra ou preparar o metal para a armadura do guerreiro), ao passo que, com o termo *pónos*, designava-se o trabalho associado à pena, ao sofrimento e à fadiga, acepções reencontradas e mesmo agravadas no termo latino *tripalium*, que está na origem da palavra *trabalho*, mas que também era o nome de um instrumento de tortura;

(b.3) prática (*práxis*) – ação imanente intransitiva, ou seja, ação cujo fim está nela mesma e, portanto, lhe é intrínseco, em benefício do agente ou da comunidade, como ocorre na ação moral e política, por exemplo; o termo *práxis* era formado a partir da raiz *prag*, que indicava ação em sentido geral, como a ação de falar (cf. Platão, *Crátilo* 387c) e de pensar (cf. Aristóteles, *A alma* III, 7), ou ainda a ação oposta à fala (cf. Platão, *Górgias* 450d) e à especulação (Aristóteles, *Ética a Nicômaco* VI, 3); o termo também se relacionava com *páthos*, paixão ou experiência cuja origem não era controlada pelo indivíduo, mas, antes, tomava-o ou surgia nele como algo que se sofre ou se padece; por fim, sendo uma ação com fim em si mesma e não com o objetivo de produzir algo (objeto, coisa), a *práxis* contrapunha-se à *poíesis*;

(c) teoria (*theoría*): ação livre e desinteressada por qualquer resultado que não fosse o conhecimento. Embora pouco empregado por Platão [428-347 a.C.] (que usava o termo *noésis*), *theoría* ganhou cidadania filosófica com Aristóteles [384-322 a.C.] e recebeu a significação de contemplação dos primeiros princípios (cf. *Metafísica* A, 1, 982b; A, 2, 1069a). Na língua grega corrente dos tempos de

Platão e Aristóteles, muitos termos eram formados a partir da raiz *the* e designavam uma ação intelectual constante e desinteressada, livre de todo *páthos* (paixão). Tal era o caso de termos como *theorô* (contemplar, observar); *theoretikós* (adjetivo "intelectual", para designar a qualidade do intelecto ou da atividade da mente); *theorós* (substantivo "contemplador" ou "observador"; indicava inicialmente o juiz dos jogos olímpicos, cuja ação era a de observar se os competidores seguiam as regras do jogo e a de decidir no fim quem era o vencedor ou laureado); *theátron* (espetáculo, teatro); *theórema* (espetáculo, objeto de estudo);

(d) ciência (*epistéme*): o termo foi traduzido pelos latinos por *scientia* (ciência), atividade que permanece nas vizinhanças da *conscientia* (consciência), mas Platão, um dos primeiros autores a usar esse termo em Filosofia, dava a ele um sentido mais reduzido, o de um saber relativo à dimensão inteligível (os aspectos universais) da realidade, versando sobre objetos que independem de nós e que, a esse título, podem ser contemplados e teorizados. Por isso, ultrapassava os conteúdos da *tékhne* e da *poíesis*, que se concentravam em dados do campo sensível ou empírico, ligados às práticas humanas. Aristóteles, por sua vez, amplia o sentido da ciência e distingue uma gradação de saberes, indo do mais elementar (como a sensação e a experiência), passando pela *tékhne* como intermediária e chegando até o nível mais alto em que se encontram a ciência e a sabedoria, com a metafísica no topo do edifício. Não bastasse isso, em vez de seccionar o sensível e o inteligível puro, campos da prática e da teoria, do universal e do particular, o Estagirita restabelece o comércio entre os dois campos e propõe, contra Platão, que a *tékhne* é um conhecimento misto, pois há um composto do sensível e do inteligível. O artífice, como nos casos do médico e do arquiteto, entre tantos outros, pode elevar-se ao universal e instaurar uma *tékhne* universal, particularizada porém ou singularizante, e, como tal, enraizada na experiência, sem se evadir ou sair dela.

Ao repercorrer o léxico grego, não tenho a intenção de dar aos leitores a ideia de que, com tais vocábulos, poderemos pavimentar o caminho que levaria à filosofia da técnica; pretendo apenas dar uma ideia do início da rota que será percorrida, não a antevisão dela. Com efeito, não basta levantar o léxico grego para refletir sobre a técnica tal como nos interessa hoje, pois a visão grega sequer é igual à que encontramos em nossos dias. Aliás, o vocabulário grego talvez permita ver aquilo que a técnica atual não é. Ele prepara, no entanto, o caminho para mostrar o que hoje a técnica é.

Os gregos, com efeito, tinham uma visão da técnica que terminava por considerá-la um artesanato. O conhecimento técnico, por sua vez, era uma extensão do conhecimento prático e do saber empírico, como dizia Aristóteles ao reconhecer a opacidade da experiência e a irredutibilidade da prática à teoria. Não é casual que, segundo o Estagirita na *Ética nicomaqueia*, aquilo que, para fazer, somos obrigados a aprender, só o aprendemos fazendo.

Na Modernidade, porém, outra concepção entra em cena. Desde Francis Bacon [1561-1626] e René Descartes [1596-1650], a técnica torna-se mais e mais, nas suas manifestações superiores, uma ocupação de engenheiros e uma "aplicação" da Ciência, cujo resultado será a instauração da tecnologia, a um só tempo prolongamento e revolucionamento da técnica, tirando-a das hostes do saber empírico e colocando-a na companhia das ciências. Em toda a sua extensão, a tecnologia inclui a técnica, os dispositivos, as operações, os operadores e o conhecimento ligado à ação (prático). Funde-se, assim, a *epistéme*, a *poíesis* e a *tékhne*, com uma extensão e um raio de ação jamais imaginados antes, fazendo chegar hoje à instauração de uma civilização tecnológica e de uma Humanidade "tecnificada".

É enorme o fosso ou o *gap* entre o mundo antigo e o mundo moderno a respeito da visão da técnica. Se os gregos limitavam-se a fazer do mundo da técnica e do artesanato um enclave da Natureza, coisa de escravos e de artesãos, estranha às ocupações dos cidadãos (dirigir a *pólis*), além de indigna da aristocracia intelectual (a ponto de Arquimedes [287-212 a.C.] ter vergonha de suas obras de engenheiro), com os tempos modernos é a Natureza por inteiro que será objeto das ações da técnica-tecnologia, levando à sua conquista e domesticação. O resultado não é mais um enclave, mas um mundo novo, a saber: o mundo da instrumentalidade e do aparato técnico, como disse Heidegger [1889-

-1976]; mundo que, no fim das contas, irá conquistar e domesticar o próprio *ánthropos*, primeiro conquistando seu corpo; depois, sua mente. Nenhum grego imaginaria isso. Aliás, os gregos veriam aí um sacrilégio e mesmo o solapamento da moral, como temia Platão, receando que as armas de guerra, ao serem usadas, terminassem por arruinar a virtude da coragem que definia o guerreiro-cidadão.

A abordagem histórica requerida para a compreensão da técnica e de sua ligação com o trabalho nos levará aos tempos pré-históricos, começando pelo Paleolítico, quando tudo começou, passando pelo Neolítico, as primeiras civilizações e a Idade Média, quando o liame entre a Humanidade e a técnica se ampliou e se consolidou, até chegar à Era Moderna e ao período contemporâneo. Tempos em que a Humanidade experimentou a vertigem da experiência abissal de uma viagem sem volta, trocando os *naturalia* (bens naturais) de uma Natureza madrasta, lenta e ingrata nas suas produções, pelos *artificialia* (artefatos), as maravilhas tecnológicas, o ritmo acelerado dos processos e os *gadgets* do dia a dia, ao fazer num átimo de tempo o que a evolução levou milhares e mesmo milhões de anos.

É nesse quadro, em que a teoria aparece articulada com a práxis gerando uma civilização e um modo de vida, que a estratégia de tomar a técnica/tecnologia como categoria da ação mostra toda a sua pertinência para pensar o liame da técnica não só com o trabalho, mas com o próprio *ánthropos*: a técnica como meio de ação, instrumento de apoio (equipamento), descarga ou desoneração da ação (transferindo para as máquinas os atos e os movimentos que requerem esforço penoso ou indigno) e *empowerment* ou potencialização da ação, permitindo a mudança de escala e a turbinagem dos processos.

Visando dar aos leitores uma ideia desse estado de coisas que ao longo do tempo tornou-se mais e mais complexo, este livro será dividido em duas partes: 1 – apresentação de quatro visões da técnica: instrumental, metafísica, sistêmica e crítica (sócio-histórica), com suas combinações e variantes; 2 – exame de dois modelos para pensar a técnica e sua relação com o trabalho: o modelo do artesão de Aristóteles ou o escultor (Policleto [470-405 a.C.] e a estátua de Hermes) e o modelo do engenheiro de Gilbert Simondon [1924-1989] (invenção, modelagem, *design*).

1. A técnica

Como salientado, a técnica é tão antiga quanto a Humanidade. A datação de sua origem pode ser recuada até o Paleolítico e, em seu percurso, esteve e ainda está associada ao saber empírico, deitando suas raízes na experiência por determinar-se como instrumento e meio de ação. Contudo, ao contrário do que se pensa, não foi o sílex o primeiro instrumento técnico nem a aplicação à Natureza o primeiro uso da técnica. Antes, houve o uso do fogo, para cuja obtenção era usado mais de um meio, e, como mostrou o antropólogo Marcel Mauss [1872-1950], o próprio corpo humano foi um dos primeiros objetos da técnica, tendo sido por ela modelado de inúmeras maneiras (nas tatuagens, nos ritos, nos paramentos e na ginástica, transformada em educação pelos gregos e romanos). De maneira ainda mais fundamental, o corpo humano não foi tomado apenas ou exclusivamente como objeto da técnica, mas como instrumento e meio de ação. Foi o que mostraram biólogos e historiadores naturais ao evidenciarem o uso da mão como ferramenta depois que os humanoides desceram das árvores, passaram a caminhar sobre os dois pés e ficaram com os membros superiores livres. A mão foi transformada em primeira ferramenta e mesmo na ferramenta por excelência, como posteriormente diria Aristóteles.

O processo de realização técnica nunca parou; o liame entre a técnica, o ser humano e o saber empírico se aprofundou e se consolidou até os nossos dias. Tal unidade, sem ser rompida ou quebrada, será ampliada e definitivamente transformada quando, na Era Moderna, a técnica se associará à Ciência, resultando na tecnologia. Desde então viu seu raio de ação e seu poder serem extremamente alargados pelo universo dos dispositivos e dos aparatos técnicos.

Quatro são as maneiras mais importantes de conceber a técnica: instrumental, metafísica, sistêmica e crítica (sócio-histórica). Para tipificá-las, partir-se-á aqui de uma expressão cunhada pelo paleoarqueoantropólogo francês André Leroi-Gourhan [1911-1986], que falava de um *ensemble technique* ou "unidade técnica", cujo sentido é dado pela relação entre a *tékhne* e o *ánthropos* desde o Paleolítico até a Contemporaneidade em termos de unidade indivisa do ser humano e do instrumento.

Tendo em vista essa unidade originária jamais quebrada, tal expressão permite também ver como *ensemble technique* ou como "unidade técnica" as relações entre o ser humano, a técnica e a Natureza; relações entre fins e meios, reversíveis e coordenáveis. O próprio corpo humano foi logo tomado como instrumento, conforme já assinalado. Segundo Arnold Gehlen [1904-1976], autor da obra *Antropologia filosófica*, três seriam os fins da técnica; e eles podem ser concebidos em correlação direta com o corpo humano, seus órgãos e suas funções. Simplesmente as funções do corpo são o que permite aos humanos projetar funções para as máquinas, ferramentas e outros artefatos, atribuindo-lhes o papel da substituição, da desoneração e da superação dos órgãos humanos. Assim, no dizer de Gehlen, o fogo, visto em sua utilidade inicial de proporcionar calor, substituiria e complementaria órgãos nossos; a pedra lançada com a mão, o carro e a cavalgadura eximem-nos de andar e desoneram nossos órgãos; ainda, o avião, além de prover as asas de que carecemos, supera com grande vantagem todo esforço e limite orgânicos.

Vista dessa perspectiva, a técnica opera com instrumentos e é subsumida em relações de meios e fins (o meio é o instrumento e o fim é fixado pelo ser humano, a um tempo artífice e usuário da técnica), de sorte que ela é algo mais do que aquilo que concebe uma mera visão instrumental. Além da função de instrumento – que é real e tem um amplo escopo –, outras funções entram em cena e definem a atividade técnica. Além de funções concernentes a meios e fins, há, antes de tudo, funções orgânicas e sistêmicas, entre elas as já indicadas por Arnold Gehlen (substituição, desoneração e superação de órgãos), às quais poderiam ser acrescentadas outras tantas, como as funções adaptativas, integrativas e transformadoras da Natureza.

O liame entre órgão e função fica claro na analogia entre os artefatos técnicos e o corpo humano, dando azo à conhecida ideia de que os artefatos são extensões do nosso corpo. Eles podem integrar-se: (i) ao aparato motor, sendo extensão das mãos e dos pés; (ii) ao aparato sensorial, sendo extensão dos olhos, das orelhas e da pele (tato); (iii) ao aparato de governo e controle, sendo extensão do cérebro; (iv) ao aparato da produção de energia motriz, sendo extensão de todo o corpo humano (visto como fonte energética e que pode ser desonerado à medida que sua função pode ser transferida para outro ser humano ou para um animal).

Assim, além da visão instrumental da técnica, visão mais popular porém não a única, outras concepções vieram a lume. Umas focalizaram o vínculo substancial do ser humano com a técnica; outras, a dimensão sistêmica que faz a técnica ganhar autonomia, como se ela própria fosse uma "coisa", um imenso autômato, e tivesse um fim em si mesma. Outras visões, enfim, preocupam-se com a autonomização da técnica e com as ameaças que ela traz ou implica. Tais visões introduzem um olhar crítico e defendem o controle e a regulação da técnica.

1.1. A visão instrumental da técnica

Essa visão focaliza os instrumentos e as ferramentas – cujo motor ou fonte de energia é o ser humano –, bem como as máquinas – cuja fonte de energia é a

Natureza, incluindo desde os animais de carga até as energias fósseis, hidráulicas e outras. A exemplo das próteses, os instrumentos e as ferramentas são vistos como meios neutros a serviço dos humanos, podendo ser usados para o bem e para o mal. É da alçada dos seres humanos usá-los a seu favor e interromper o uso quando o artefato ameaça escapar ao seu controle, não funciona mais ou põe em perigo a existência.

À diferença das próteses, que se limitam a compensar *déficits* ou a substituir órgãos avariados, o instrumento confere poder e é um meio capaz de potenciar a força e a ação humanas, donde a ideia de ameaça que por vezes acompanha o uso dos instrumentos, em contraste com a tendência mais geral que vê na técnica um dispositivo neutro sob a perspectiva dos valores morais.

Na Antiguidade, quem dá um excelente exemplo da visão instrumental da técnica é Aristóteles, que, na *Ética eudêmia* (VII, 9, 1241b), considera o corpo instrumento da alma, tanto quanto um escravo é o instrumento de seu senhor. Um instrumento, portanto, seria uma espécie de escravo sem alma, ao passo que o escravo não passaria de um instrumento animado. Na Modernidade, essa é também a visão de Francis Bacon e René Descartes, com a diferença de que, além de associar a técnica à Ciência – coisa que Aristóteles não fazia –, eles viam nos instrumentos, na Ciência e na própria técnica um meio de poder. Como tal, a técnica seria capaz de proporcionar o domínio e o controle sobre a Natureza, abrindo uma perspectiva que terminaria por aproximar as artes mecânicas das artes liberais, ao autorizar seu ensino inclusive em universidades e, portanto, dissociando-as das reservas da visão escravista grega.

Essa é igualmente a visão de Karl Marx [1818--1883] e de um sem-número de pensadores do início da Contemporaneidade, que situam o *Homo faber* (o ser humano fabricador) no centro das atenções e concebem as próteses, as máquinas e as ferramentas como meios para fins humanos. Em todos eles a relação entre o ser humano e a técnica não constitui problema, e terminam por instaurar uma situação confortável mesmo naqueles contextos em que o poder do instrumento parece escapar do controle e ameaça voltar-se contra os humanos, tal como ocorre com um aprendiz de feiticeiro.

Quem define os fins, porém, são os humanos. Eles podem mesmo deixar os instrumentos de lado, caso funcionem mal ou não atendam mais às expectativas para as quais foram feitos. A pressuposição não poderia ser mais clara: somos os "donos do jogo", tanto em nossa relação com a Natureza quanto em nossa relação com a técnica. Não podem ficar no mesmo plano as ferramentas que fabricamos e nós mesmos como seus artífices e usuários, pois somos agentes, não instrumentos; e quem define os fins e escolhe os meios somos nós, não o martelo, o arado ou a máquina.

1.2. A visão metafísica ou essencialista da técnica

Essa visão pode ser encontrada em filósofos tanto antigos como modernos e versa ou sobre o estatuto ontológico dos objetos técnicos ou sobre a ligação entre a Natureza e o ser humano.

Aristóteles, por exemplo, distingue, na *Ética nicomaqueia* os objetos que existem *por natureza* e aqueles que existem *por obra do artifício humano* (estatuto ontológico). Já Platão identifica um liame não relativo e convencional, mas absoluto e necessário entre o ser humano e a Natureza, dizendo, no *Banquete*, que a técnica é uma resposta humana às lacunas da Natureza e às carências do próprio ser humano. O ser humano, filho de Pobreza, a mãe, e de Recurso, o pai, tem na técnica uma companheira e aliada, permitindo vencer os limites naturais.

Cabe observar, no entanto, que, mesmo sendo um metafísico, Platão não deixa de registrar certo pessimismo em relação à técnica. Ele alude à ambivalência do termo *pharmakón* – mal e remédio –, pondo em evidência o nexo entre a metafísica e a moral: a técnica então se determinará como mal e remédio; remédio para um mal e mal do próprio remédio. Tal é o caso da técnica ortográfica, evocada no mito de Toth, no diálogo *Fedro*, que apresenta a *tékhne* como responsável por solapar a memória. É também o caso da metalurgia, que Platão associa ao mito de Dédalo, de cuja técnica provém um sem-número de artefatos em benefício dos humanos e cujo uso extensivo nas armas de guerra é condenado por solapar a virtude moral da coragem, como se lê na *República*.

O maior contributo da visão platônica consiste em mostrar que, ao refletir sobre a técnica, trata-se de focalizar não apenas o objeto, o instrumento ou a ferramenta, mas a própria visada e a atitude de cada um de nós. Colocam-se lado a lado males e remédios, além de lacunas e preenchimentos ou compensações. Se há uma ordem das essências, ela não é plena, una e autossuficiente, como a substância de Aristóteles, mas vazia, cindida e lacunar, autorizando-nos a falar de déficit ontológico para neutralizá-lo ou compensá-lo pela conquista e aquisição da técnica e dos artefatos (em vez de sua mera posse e do senhorio sobre eles).

Durante a Era Moderna, encontra-se uma visão parecida em Jean-Jacques Rousseau [1712-1778]; e, na Contemporaneidade, em Martin Heidegger.

Rousseau, ao investigar o nexo entre a metafísica e a moral, dirá, no famoso *Discurso sobre as ciências e as artes*, que estas – e por extensão a técnica, que, como a *tékhne* grega, pode a elas se juntar como elemento do mesmo processo de proporcionar à Humanidade o conforto e a vida boa –, em vez de melhorar, pioram a condição humana, amolecem os indivíduos e solapam as virtudes morais.

Heidegger, por sua vez, procurará elucidar o liame metafísico existente por detrás da relação manipuladora e calculadora da técnica para com a Natureza, vendo naquela a busca de vantagens e de rentabilidade. No seu dizer, essa atitude e visada teriam sido estabelecidas na Modernidade, quando a técnica tomou a dianteira nas preocupações humanas e se converteu em modo privilegiado de "objetivar" a Natureza e a Humanidade, quer dizer, de relacionar-se com a Natureza e a própria Humanidade como objetos de compreensão e não principalmente como ambientes nos quais se está mergulhado. Desde a Modernidade, então, não caberia mais perguntar pelo uso e pela aplicação da técnica (falando de engenharia e de conhecimento aplicado), mas indagar por sua "essência" e por seu solo originário: seu solo é a experiência; e sua essência é a desocultação que permite fazer que uma possibilidade ou virtualidade das coisas venha à luz e se transforme em realidade.

Destarte, se nos é lícito afirmar que há uma essência da técnica e que ela se aloja em algum lugar, poderemos vaticinar, com Heidegger, que ela reside num nível mais abaixo da ferramenta e do instrumento, e a este título mais profundo e fundamental; ela é uma maneira de ver as coisas e um modo de habitar o mundo. A instrumentalidade e a atitude utilitária são a consequência dessa maneira de ver e desse modo de habitar, levando à conhecida inversão: a Natureza não é a *natura mater* (Natureza mãe) ou a provedora benfazeja das necessidades humanas (como pensavam os antigos), mas é fundo de reserva e de matéria-prima a ser extraída, processada e consumida. Assim, a floresta é madeira e carvão; o rio é pressão das águas e energia canalizada para acionar turbinas; e assim por diante. Donde a invectiva famosa de Heidegger: para o técnico e o engenheiro modernos não é a usina que está no rio, mas o rio que está na usina.

Convencido de que tinha enxergado mais longe e alcançado o solo originário e fundamental onde se enraízam a *tékhne* e a atitude técnica, Heidegger se vê autorizado a falar de uma "essência" da técnica e a dizer que tal essência não é propriamente "técnica", conjunto de operações e coisa de engenheiro, mas "metafísica", ou melhor, ontológica, matéria de uma ontologia fundamental ou modo de ver o ser de tudo o que existe. A ontologia que subjaz à técnica moderna dá a determinação (essência) de seus dois componentes: (i) a Natureza é fundo de reserva, material à disposição; (ii) o ser humano é meio e matéria-prima manejável, como viu o químico Georg Stahl [1659-1734], e não sujeito e finalidade dos processos, como queria a tradição antiga e medieval.

Assim, modelando a Natureza e o próprio ser humano, a técnica não é uma ferramenta ou um amontoado de artefatos, mas um sistema ou, antes, como diz Heidegger, algo como um *Gestell*: esse termo preserva certo caráter de mistério e é praticamente intraduzível, devido à acepção algo obscura que lhe dá Heidegger, mas poderíamos buscar o seu equivalente em português em termos como *quadro, base, disposição* e, melhor ainda, *armação* (na dupla acepção de estrutura, como no gradeamento do telhado, e de força coerciva e avassaladora, sentido apontado por Heidegger quando focaliza o enquadramento da e pela técnica). Com um campo semântico marcado pelas ideias de ação e de aparato, a técnica seria um dispositivo (*Gestell*) e seria interposta entre a Natureza e a Humanidade.

O resultado desse modo heideggeriano de ver foi uma reviravolta nos estudos da técnica. Esses estudos, com efeito, nunca mais foram os mesmos depois do filósofo, que pôs a visão instrumental em xeque ao mostrar a insuficiência de compreender a técnica apenas como uso de instrumentos ou ferramentas em vista de alguma coisa. O *Gestell* heideggeriano põe fim ao conforto proporcionado pela visão instrumental, pois mostra que o feitiço da técnica pode se voltar contra o feiticeiro; com o artífice ou o ser humano, sujeito da técnica, convertendo-se em objeto, e o sistema tecnológico convertendo-se em sujeito, num processo avassalador que termina por capturar a humanidade e, em vez de alforriá-la, submete-a à maior das servidões.

Heidegger patrocinou uma visão distópica e fatalista da técnica, quer dizer, a concebia como o contrário de uma utopia ou mundo ideal. A técnica seria uma utopia que se transformaria em pesadelo (distopia) e impediria os cidadãos de atingirem a felicidade. O filósofo via a dominação tecnológica como um grande perigo; e as comodidades da técnica, causa de dependência e servidão. No seu dizer, o perigo maior da técnica não vem das armas, nem mesmo das armas nucleares, mas das comodidades e dos utensílios a que estamos habituados e dos quais não queremos abrir mão. Tão grandes são a servidão e a dependência que contra elas nada se pode fazer, como se essas fossem o destino da Humanidade e como se a resignação fosse a única atitude realista possível. As artes, porém, poderiam permitir uma saída desse impasse.

1.3. A visão sistêmica da técnica

Esclareço aos leitores que, em outros estudos, usei terminologias diferentes ao focalizar essa terceira visão. Porém, neste livro da Coleção *Filosofias: o prazer do pensar*, depois de ruminar longamente o assunto, creio ter finalmente chegado à nomenclatura mais adequada para exprimir o que está em jogo no conjunto dessa concepção e no conjunto das tecnologias recobertas, tendo a cibernética e as bioengenharias como as principais protagonistas. Assim, ao falar de *modo de vida*, abarcam-se tanto o *mundo da vida* da fenomenologia como o *bíos* (a vida), a vida artificial e a inteligência artificial das biotecnologias e das tecnologias da informação e da computação. É o que pretendo demonstrar nos parágrafos seguintes.

A visão sistêmica trata a técnica, as tecnologias e as tecnociências como um imenso sistema, capaz de ganhar autonomia e avassalar o ser humano, deixando-o dependente de suas vantagens e comodidades. Fazendo lembrar a visão de Heidegger, mas sem o pesado ônus metafísico de sua filosofia, esta é a visão de Max Weber [1864-1920], Jacques Ellul [1912-1994], Gilbert Simondon, Oswald Spengler [1880-1936] e Langdon Winner [1944-].

Mais do que um meio ou um instrumento, a técnica se converte, agora, num mundo à parte – o sistema da técnica, conforme a expressão de Ellul –, e, como tal, algo com um fim em si mesmo, tendo no ser humano um meio e um provedor. Porém, não se trata de falar de *essência*, mas de *sistema*. Como tal, seria o caso de pensar que a técnica como sistema, ou seja, como algo construído, pode ser refeita e desfeita, como pensam os representantes da variante construtivista dessa visão, que insistirão no sistema como aberto e defenderão sua relatividade. É o caso, por exemplo, de Bruno Latour [1947-]. Porém, há também os que não creem nessa possibilidade, como Max Weber, que falava da técnica como "jaula de ferro". Há ainda os que têm visões apologéticas (como o médico nazista Josef Mengele [1911-1979], que fez experimentos médicos com judeus prisioneiros em Auschwitz), ou duramente críticas (como Ellul). Por isso, todo cuidado é pouco ao efetuar enquadramentos compreensivos. Além das vias principais, é preciso considerar as variantes.

Langdon Winner, numa passagem de *Autonomous Technology* [Tecnologia autônoma], afirma que a importância da tecnologia não está na estrutura física do aparato, mas em ser uma forma de vida, uma pauta de consciência e de conduta humana, adaptada a um fim racional e produtivo. Hans Jonas [1903-1993], por sua vez, insurgindo-se contra a visão fatalista de seu professor Martin Heidegger, propõe a regulação da técnica e a ética da responsabilidade. A ética da responsabilidade se funda sobre uma filosofia da Biologia e centra-se na ideia de vida – presente desde a ameba até o ser humano –, abrindo uma perspectiva em filosofia moral que, ao mesmo tempo que sancionará as técnicas médicas para diminuição do sofrimento humano, também condenará as tecnologias "melhoristas" (eugenistas ou purificadoras das raças) típicas da engenharia genética.

Também Gilbert Simondon é um autor de destaque na visão sistêmica da técnica. Considerado por muitos o pensador das humanidades com a perspectiva mais próxima das engenharias, Simondon patrocina uma visão neutra, e, em mais de um aspecto, positiva, da técnica. Preocupa-se em superar o fosso entre as duas culturas, a filosófico-humanística e a científico-tecnológica. Por isso, sua ideia da técnica como sistema é marcada por *feedbacks*, correlações internas e linhas evolutivas, sendo muito próxima do *ensemble technique*, de Leroi-Gourhan, quer dizer, a identificação de uma unidade entre ser humano e técnica desde o surgimento da vida humana.

Na visão sistêmica, defende-se, portanto, que é todo um modo de vida que se constitui e perpassa as relações humanas com os objetos técnicos. Constituem-se sistemas integrados, redes de mediações e ordens de dependências. O ser humano vê-se sem dúvida diante de uma ordem ontológica densa e coerciva, não de uma ordem vicária e substituta, povoada de artifícios e existências segundas, como nas concepções instrumental e metafísica.

Tal modo de vida poderá ter um teor biológico, social, existencial e mesmo artificial (vida artificial). Contudo, nas fenomenologias da técnica como as subentendidas aqui, a distinção entre o social e o biológico parece não importar muito, devendo o estudioso tomá-las em bloco. A distinção entre elas não deve ser entendida como ruptura, mas como expansão ou prolongamento.

Voltando ao esquema de Gehlen, se é verdade que nem sempre é possível vislumbrar o liame entre o dispositivo técnico e o corpo humano, como nos casos da técnica do fogo e da tecnologia do radar (a última criada de fato em analogia com o sensor dos morcegos), pode-se ainda assim dizer que as três funções repertoriadas por Gehlen (desoneração, substituição e superação) também se encontram na visão sistêmica.

Algumas variantes da visão sistêmica merecem ser evocadas:

Variante 1: o extensionismo

Patrocinado pelas tecnologias da comunicação e dos transportes, o extensionismo tem como maior protagonista o canadense Herbert Marshall McLuhan [1911--1980], que poderia ter enquadrado sua visão da técnica na concepção instrumental, mas rompeu com ela, dizendo que os artefatos tecnológicos (como o telefone, a televisão, o avião etc.) são *extensões* do corpo humano, superam as deficiências e as limitações da Natureza e ampliam as capacidades humanas, sendo pois a própria "Humanidade estendida".

Variante 2: o fusionismo

Patrocinado pela cibernética e tendo-se ampliado para a Biologia e as ciências humanas, o fusionismo tem diferentes protagonistas. Seu princípio consiste em dizer que, mais do que extensões, os artefatos são cooriginários aos seres humanos; e tão estreitas são a relação e a dependência entre o ser humano e a técnica que os seres humanos hoje estão completamente fundidos com os dispositivos mecânicos e eletrônicos em amplas condições de hibridismo. Tal situação inédita autoriza a falar de sistemas sociotécnicos ou antropotécnicos protagonizados por atores-redes, descritos como híbridos feitos de atores e actantes – vivos e não vivos – em interação constante.

Representam essa variante os franceses Bruno Latour e Michel Callon [1945-]. Na mesma linha, a norte-americana Donna Haraway [1944-] propõe uma antropologia do *cyborg* (literalmente, um corpo cibernético que não é outra coisa senão o híbrido corpo-máquina).

A autora refere-se a si mesma, aliás, como uma *cyborg*, embora ela não seja composta por nenhuma máquina, mas, como a Humanidade de hoje, vive em meio a máquinas e não pode ficar sem elas.

Variante 3: o melhorismo

Patrocinada pela engenharia genética e de resto compatível com a abordagem instrumental da técnica, a variante melhorista insere-se no quadro mais amplo da visão sistêmica e holística das biotecnologias, visando entender a relação não do indivíduo com a técnica, mas da Humanidade com a técnica. O geneticista maneja indivíduos e não a espécie; porém, as experiências logo se acumulam e se ampliam, gerando a necessidade de introduzir a visada sinótica do organismo, sob pena de pôr tudo a perder. Encorajados pelas experiências bem-sucedidas na transgenia de plantas e animais (por exemplo, o *super mouse* ou *mightly mouse*, rato geneticamente modificado, criado em 2007 no Laboratório da Case Western Reserve University, em Cleveland, nos Estados Unidos, com características de maratonista campeão, atleta sexual e possuidor de um supercorpo blindado contra doenças como câncer, além de ser capaz de viver mais do que os ratos comuns), os protagonistas dessa vertente falam de *enhancement* ou melhoria de espécimes humanos, e procuram mesmo pensar a possibilidade de superar os órgãos (não apenas substituí-los), tal como pretendem os chamados trans-humanistas e pós-humanistas. Os meios para isso não seriam empíricos ou aleatórios, como no passado, mas tecnológicos e planejados, com a ajuda das ferramentas da Ciência.

Essa variante patrocina uma forma de técnica que, quando comparada àquela originada pelas outras abordagens, mostra ser não exatamente a mais poderosa (porque há outras como a fissão nuclear), mas a mais radical e a mais perigosa em termos de consequências diretas para a espécie humana. É típico dessa forma de técnica o *playing God* ou o "brincar de Deus", principalmente por parte dos geneticistas que, ao manejar o patrimônio genético da Humanidade, não veem nisso o menor problema. Aliás, certa feita, James Watson [1928-], geneticista norte-americano e responsável, junto com Francis Crick [1916-2004], pela descoberta da estrutura em dupla hélice do DNA, respondeu aos seus detratores: "Se não é o cientista que vai brincar de Deus, quem vai brincar então?" A alternativa não lhe parecia ser melhor: ou o cientista brinca de Deus e melhora a sorte da Humanidade ou ninguém brinca e a Humanidade continuará exposta à loteria da vida, deixando a Natureza cega fazer aleatoriamente aquilo que os humanos poderiam fazer com liberdade, planejada e conscientemente com a ajuda da Ciência e da tecnologia. Isso vale para o *biodesign* (prática de intervenção para melhoria dos aspectos estético e funcional em seres humanos e organismos vivos, levada a cabo pela engenharia de tecidos e outros campos das bioengenharias), seleção de embriões etc. Como se nota, as implicações das biotecnologias são enormes e carregadas de controvérsias éticas, religiosas e políticas, dividindo os especialistas e a opinião pública.

1.4. A visão crítica e sociocultural da técnica

Vistas em conjunto, as tecnologias podem dar azo a concepções apologéticas, bem como a concepções negativistas, contrapondo tecnofóbicos e tecnófilos, e mesmo verdadeiros tecnoprofetas dispostos a espalhar a boa-nova pelo mundo afora ou a exagerar as expectativas para obter os favores de parlamentos e governos.

Comum às duas visões extremas, acompanhando as atitudes de reverência e temor, o estudioso quase sempre depara com o mesmo determinismo tecnológico, uma espécie de fatalismo segundo o qual aquilo que se pode fazer deve-se fazer e será, pois, feito. Essa visão determinista está fundada, afinal, sobre uma incompreensão de fundo da natureza das atividades tecnológicas, uma visão equivocada, enfim, e que ignora as distinções estabelecidas por Aristóteles entre os seres existentes por natureza e os existentes por meio dos humanos e do artifício humano. O filósofo também distinguia entre os seres que existem necessariamente ou segundo determinismo (não podendo mudar) e seres que são contingentes e aleatórios (podendo ser de um jeito ou de outro, ou simplesmente ser ou não ser). Tal é o caso da ação humana, que sempre depende das escolhas dos indivíduos, podendo, não obstante, ser calculadas e antecipadas. Da mesma forma, os artefatos e os processos tecnológicos, que antes de existirem de fato eram apenas possíveis, também pertencem ao terreno da contingência, no qual aquilo que é pode não ser e aquilo que não é pode ser. Terreno, portanto, do reversível.

Aceitado isso, em vez das atitudes tecnofóbica e tecnófila que levam uns à rejeição total da técnica e outros à adesão incondicional a ela, surge uma atitude crítica. Essa atitude só é possível, na verdade, nos quadros de uma visão sistêmica, pois demanda uma avaliação de conjunto das tecnologias em sua relação com a Natureza e a Humanidade. Ela não deixa, porém, de ser próxima da visão de Rousseau, com sua desconfiança da técnica, e de Heidegger, que tinha uma visada de conjunto, mas terminava por um pessimismo que não caracterizará a visão crítica, a qual, diante do esquema do "tudo ou nada" da adesão e da rejeição totais, prefere o meio-termo e a triagem do bom e do ruim.

Dois excelentes exemplos dessa visão crítica da técnica são Herbert Marcuse [1898-1979] e Andrew Feenberg [1943-]. O primeiro, como eminente representante da Escola de Frankfurt, leva adiante a crítica da indústria cultural e lança as bases da teoria crítica da técnica, fundando-se sobre a ambivalência que a caracteriza ou a sua nota de contingência. Dessa perspectiva, Marcuse era diferente de Adorno [1903-1969], um tecnofóbico convicto. Feenberg, por sua vez, retoma o pensamento de seu mestre Marcuse e aprofunda as bases por ele lançadas, recorrendo ao já falado *mundo da vida*, com seu viés filosófico existencialista, fenomenológico e pragmatista.

Feenberg, assim, escreve na sua obra *Transforming Technology* [Transformando a tecnologia] que os valores de um sistema social específico e os interesses de suas classes dominantes estão instalados no próprio *design* dos procedimentos racionais e das máquinas mesmo antes de serem designados para fins específicos. Tais valores não são, portanto, mera questão de uso ou de relação entre fins e meios, como acredita a visão instrumental. Além dos valores, há, nos processos tecnológicos, normas técnicas e normas sociais, resultando naquilo que o filósofo chama de códigos técnicos, códigos coercivos que fundam rotinas e moldam condutas, embora abertos e modificáveis. Contra o determinismo tecnológico levanta-se a ambivalência essencial da tecnologia; e contra o destino epocal de Heidegger e a jaula de ferro de Weber, erguem-se as ideias de que o dispositivo tecnológico é a cena de uma luta, um campo de batalha social dentro do qual as alternativas de civilização estão em competição, nada estando decidido antes.

No dizer do próprio Feenberg, sua visão assemelha-se às teorias metafísicas ou essencialistas, pois ele defende que a ordem tecnológica é mais do que a soma de ferramentas; de fato, ela estrutura o mundo a despeito das intenções dos usuários. Ao escolher nossa tecnologia, nos tornamos o que somos, o que, por sua vez, molda as nossas escolhas futuras. Por isso, a tecnologia provê a estrutura material da Humanidade; e essa estrutura não é a base neutra sobre a qual os indivíduos edificam sua concepção de vida boa, mas, em vez disso, modela essa concepção do começo ao fim. Os arranjos técnicos instituem um "mundo" num sentido próximo ao de Heidegger; uma estrutura dentro da qual as práticas são geradas e as percepções são ordenadas. Mundos diferentes e procedentes de diferentes arranjos técnicos privilegiam alguns aspectos do ser humano e marginalizam outros. O que significa ser humano é, dessa forma, decidido em grande parte no molde de nossas ferramentas. Na medida em que somos capazes de planejar e controlar o desenvolvimento técnico por meio de vários processos públicos e escolhas privadas, temos algum controle sobre nossa própria humanidade.

Ao fazer as distinções e a fenomenologia das quatro visões da técnica, é preciso dizer que as diferentes técnicas e tecnologias nelas embasadas têm uma mesma estrutura manipulatória (manejam coisas e processos), visam satisfazer as necessidades e as fantasias humanas, estabelecendo a relação entre fins e meios e pautando-se pelas soluções dos diferentes problemas que a Humanidade enfrenta. Como visto por engenheiros, cientistas e filósofos, o fim interno da técnica e da tecnologia, deixando de lado os fins humanos propriamente ditos, não é senão instaurar o controle técnico da ação, tornando-a previsível e governável. Então, ao lado do controle técnico da Natureza, que é poderosa e nem sempre amigável, a técnica e a tecnologia instalam o controle da Sociedade, a qual é exposta a crises de toda sorte e sujeita a terremotos políticos, tornando a vida humana incerta e perigosa. Isso já fora visto por Thomas Hobbes [1588-1679], ao falar do estado de natureza; no entanto, o mesmo pode ser dito do estado de sociedade. Requer-se, então, estabilizar os processos e prover o mundo humano com instituições e obras de engenharias sociais, como também viu Auguste Comte [1798-1857].

Dessa perspectiva, há mais de uma tecnologia: tecnologias de processos (gestão e organização), tecnologias de materiais (aplicadas a matérias, energias, forças naturais), tecnologias de sistemas (informação e comunicação) e tecnologias de organismos vivos (biotecnologias). Porém, todas elas têm o mesmo propósito: instalar o controle técnico e cumprir a mesma agenda de conquista ao longo da História, quer dizer, conquista da Natureza (tecnologias materiais de base física ou química), conquista do ser humano (tecnologias biomédicas tradicionais e biotecnologias, além dos fármacos), tecnologias sociais (gestão e controle de processos). As tecnologias sociais incluem-se entre as mais antigas formas de tecnologia, como viu Max Weber ao tratar da burocracia. No mundo contemporâneo, porém, elas ganharam uma extensão e um poder enormes, moldadas com os aportes do Direito (procedimentos e regras das burocracias), da Matemática (finanças, impostos), da Sociologia, da Administração e, na atualidade, da Informática.

2. O trabalho

Voltando à expressão *ensemble technique* (unidade técnica), de Gourhan, é possível entender o trabalho como dispositivo técnico marcado pela mesma ambivalência indicada por Feenberg. Aliás, o trabalho também é uma categoria sintética, definida em sua unidade elementar pelo *conjunto* formado por trabalho, instrumento de trabalho e objeto de trabalho.

Karl Marx já o percebera quando, como outros economistas, entendeu o trabalho como processo funcionalmente definido como relação entre fins e meios (atividade orientada para a produção de valores de uso) e aberto à História.

Diferentemente de Gourhan, que abstrai o trabalho para concentrar-se nos instrumentos, e indo além de Marx, que se concentrava na economia, é possível refletir sobre o trabalho em sua relação com a técnica, tomando-o igualmente como modo ou aspecto da ação humana e, portanto, como categoria antropológica. Em outras palavras, é possível interrogar o significado antropológico-existencial do trabalho, essa atividade natural e contraditoriamente vista ora como rebaixamento e maldição (a que a Humanidade estaria condenada), ora como alforria e meio de humanização do ser humano.

2.1. Tipologia das visões do trabalho

Sumariando ao máximo o liame entre o trabalho e a técnica, é possível reduzir a variedade das experiências históricas a cinco vetores ou eixos cuja combinação dará lugar a mais de um modelo ou tipo ideal de trabalho:

2.1.1. O trabalho como maldição

O trabalho pode ser visto como uma maldição que degrada o ser humano; e a técnica não pode fazer nada para alterar essa situação, podendo até mesmo piorá--la ao acelerar processos e impor ritmos sobre-humanos, como no regime servil e no sistema capitalista cuja metáfora dá brilhantemente o filme *Tempos modernos*, de Charlie Chaplin [1889-1977].

Com outra abordagem, antropólogos e etnólogos observam que essa visão também se encontra em povos primitivos. Maurice Godelier [1934-], por exemplo, registra o mito fundador difundido entre os Baruyas, da Nova Guiné, que falam de um tempo primordial quando tudo era o inverso de hoje, não havendo a separação das espécies nem a distinção das estações. Essa ordem primeva e caótica foi depois alterada pela ação dos deuses, que instituíram a ordem cósmica atual e, com ela, o tempo histórico ou cíclico: tempo dos humanos, definidos pela mortalidade e condenados a trabalhar duro para proverem seu sustento. Esse registro vai ao encontro do que os gregos também já pensavam ao utilizar um termo especial para designar o martírio do trabalho: *pónos* (pena, labuta e fadiga). Vai também ao encontro do Antigo Israel, como se lê no livro do Gênesis, que narra a queda de Adão e a danação do ser humano a obter seu sustento com o suor de seu próprio rosto.

No Império Romano e na Idade Média, formulou-se um termo, em latim, que está na origem da palavra *trabalho* em português. O termo latino era *tripalium*, nome de um instrumento de tortura de escravos, composto por três paus. Nas línguas românicas, principalmente em português, francês e espanhol (*trabalho, travail, trabajo*), é clara a metáfora que confunde o torturado com o trabalhador e o torturador com o empregador. Além disso, o ser humano é também aquele que trabalha e tortura a Natureza.

Na Idade Moderna e nas sociedades contemporâneas, quando a era das máquinas chegou, elas aumentaram a produtividade, mas não mudaram a pecha de suplício e tortura que marca o trabalho, levando Marx a dizer, nos *Manuscritos de Paris*, que, se pudessem, os trabalhadores fugiriam do trabalho como se foge de uma peste.

2.1.2. O trabalho como alforria

O trabalho também foi visto como alforria e como meio de elevar o ser humano. Junto dos instrumentos técnicos, ele seria uma potência criadora porque cria a

Humanidade, como pretendia Engels [1820-1895] ao falar do papel do trabalho na transformação do macaco em ser humano.

Essa força criadora do trabalho também foi vista como uma potência educadora e mesmo moralmente útil para corrigir maus hábitos e melhorar o caráter. No entanto, historicamente, houve perversões nessa maneira de ver. Assim, em nome da liberdade dada pelo trabalho e da educação resultante dele, os antigos países comunistas condenavam intelectuais e dissidentes políticos a trabalhos forçados nos campos de reeducação. O regime nazista também condenou judeus e outras pessoas ao regime de trabalho forçado, recebendo-os nos campos de concentração onde seriam exterminados e fazendo-os ver, nos portões de entrada, o lema *Arbeit macht frei* (O trabalho liberta).

2.1.3. O trabalho como atividade dignificante

O trabalho também é visto como ato moral que dignifica e honra o ser humano, devendo ser entendido não como maldição ou martírio, mas como serviço e obséquio a Deus.

Essa visão é profundamente enraizada na cultura ocidental. Em tempos mais recentes, ela pode ser encontrada no século XVI, com, por exemplo, Inácio de Loyola [1491-1556], que falava do trabalho para a maior glória de Deus. Guardadas as devidas proporções, ela reaparece em autores contemporâneos, como Emanuel Mounier [1905-1950] e Simone Weil [1909-1943], que identificam um significado moral e salvífico no trabalho quando ele é investido dos valores e preceitos do cristianismo. Aliás, a própria Simone Weil quis dar um exemplo disso ao trabalhar como operária nas oficinas da Renault, em Paris. Pelo trabalho, o ser humano pode humanizar-se, realizar-se em sua dignidade por participar na criação do universo.

Essa visão recebeu uma adaptação específica da parte da ética protestante. Como mostrou o sociólogo Max Weber, se Lutero [1483-1546], nos países reformados, falou de uma vocação ao trabalho (profissão), fazendo surgir daí uma ética positiva do trabalho, Calvino [1509-1564], por sua vez, no quadro de uma ética puritana, associará essa vocação ao acúmulo de bens como forma de atestar a salvação.

Por caminhos diversos, então, o resultado histórico desse processo cultural foi uma sacralização de tudo, inclusive do trabalho, enfraquecendo a distinção entre o sagrado e o profano, sacralizando não apenas o trabalho, mas também a obra, os produtos do trabalho.

2.1.4. O trabalho em oposição ao ócio e ao lazer

O ócio e o lazer – vistos como tempo livre, do qual se dispõe sem a preocupação de trabalhar – foram vistos por algumas tradições como os maiores bens e como o ideal supremo a que pode aspirar o ser humano.

Esse ideal se observa com clareza entre os gregos antigos, por exemplo. Ele era o que dava a razão de ser das duas aristocracias que comandavam a sociedade grega, a dos intelectuais e a da camada social dos homens de bem, consagrada à magistratura e à política. Não foi à toa que, se o poeta Hesíodo tinha estabelecido que o trabalho honra o ser humano, enquanto o ócio traz a desonra, outro poeta, Ésquilo [525-456 a.C.], testemunhando a inversão da escala dos valores consumada na Grécia clássica, inverteu essa ordem ao pôr em primeiro plano outro estado de coisas, diferente do ambiente rural de Hesíodo. Também Aristóteles afirmou que a verdadeira felicidade e a verdadeira vida – o *bíos theoretikós* ou a vida espiritual/intelectual – deveriam ser procuradas fora do trabalho, na atividade contemplativa e na quietude da alma, o assim chamado *ócio filosófico*.

Essa visão transcendeu a Filosofia e moldou o ideal educativo grego, concretizado na ideia mesma de *escola* (*skholé*, em grego, era o lugar do ócio e do repouso, onde o pupilo exercitava a mente nos estudos, tendo a si mesmo como matéria e objeto, quer dizer, procurava a formação de si próprio).

O mesmo ideal exprime-se no modelo do humano de bem – o aristocrata –, cuja ação sobre si (formação de caráter) e sobre o mundo (pela ação na Natureza, na família e na política) não seria um *érgon* (um trabalho), nem mesmo uma *poíesis* (a produção de algo), mas uma *práxis* (uma ação cuja finalidade é ela mesma) e um ato do intelecto. Isso permite ver como, hoje, a pedagogia contemporânea está na antípoda da cultura grega, pois trocou a *skholé* e a educação gregas (formação da mente e do caráter, quer dizer, uma concepção de educação humanista) pela aquisição de habilidades e de preparação para o trabalho (concepção de educação profissional ou técnica), fazendo que o educando deixe de ser um fim em si mesmo e passe a ser apenas mais um instrumento para alimentar o mundo do trabalho.

2.1.5. O trabalho intelectual

O trabalho intelectual também foi considerado por algumas culturas o mais denso e mais valioso, com prioridade sobre o trabalho manual.

Os egípcios, por exemplo, instituíram a categoria dos escribas como camada social à parte, em contato direto com os faraós e com direito a deferências e prerrogativas. Os chineses implantaram o mandarinato, fundando uma verdadeira aristocracia do espírito (não de sangue) e, como tal, pautada pela meritocracia, aberta aos mais capazes e com uma hierarquia disciplinada por exames. Os latinos e medievais, ao criar as universidades e ao regulamentar o ensino das profissões, consagraram esse mesmo ideal, distinguindo as artes liberais (artes do espírito livre) e as artes mecânicas (artes da ação especializadas no manejo das coisas da Natureza).

Na Idade Moderna e Contemporânea, a prioridade do trabalho intelectual será conservada, mas sob outros nomes. O trabalho manual não tem mais a pecha de "embotamento" e recebeu o nome de *trabalho de execução*, enquanto o trabalho intelectual, com sua especificidade criativa, será chamado de *trabalho de concepção*.

A combinação dessas cinco visões mostra que o trabalho é uma categoria sociologicamente densa, historicamente cambiante e antropologicamente rica. Em sua relação com a técnica, o trabalho é mais restrito. A técnica pode ser usada como instrumento de entretenimento ou de ócio, por exemplo, quando o escultor talha o bloco de mármore sem nenhum fim utilitário, mas apenas pela fruição do belo, ou quando alguém vai ao teatro ou representa personagens nos palcos e arenas (função de descarga ou de catarse), para não falar do imenso dispositivo da indústria cultural, a exemplo das inúmeras redes de TV, cujos programas visam apenas entreter e distrair.

Ainda, porém, que a técnica seja ambivalente com relação ao trabalho, ela pode ser vista em unidade com ele se encarada como o *ensemble technique* ou a unidade técnica de que fala Gourhan. Para bem entender essa unidade, vale analisar as três revoluções operadas no campo da produção ocidental, tendo por escopo a indústria e, no centro, a divisão do trabalho.

2.2. Unidade entre trabalho e técnica

A divisão técnica do trabalho, além de fragmentá-lo e alterar o estatuto do trabalhador ou do técnico especializado, promoverá a fragmentação e a especialização dos instrumentos. Ao se passar das corporações de ofícios e do âmbito do artesanato para entrar na escala da grande indústria e da produção em massa, surge a necessidade de padronização dos produtos e das operações, variando, no entanto, a maneira como a divisão técnica do trabalho ajustará, nas experiências históricas, a fragmentação ou especialização das atividades e o modelo da padronização e normatização dos produtos.

Nas antigas civilizações, na Idade Média e na primeira fase da Modernidade, o campo prevalecia sobre as cidades, a divisão técnica do trabalho era incipiente e a maioria dos artigos era feita à mão, como nas oficinas e manufaturas. Na sociedade industrial moderna (portanto, posterior ao século XVIII), o *ensemble technique* ou a unidade técnica é vivida de modo inteiramente inédito: as sociedades fundamentam-se sobre a grande indústria e centram-se não mais na mão e na ferramenta, mas na máquina. Trata-se do resultado de três grandes revoluções que merecem ser evocadas aqui.

2.2.1. 1ª Revolução Industrial

Transcorrida na Inglaterra durante a virada do século XVIII ao XIX (1780-1830), a 1ª Revolução Industrial teve por berço a cidade de Manchester, centro irradiador da indústria têxtil. Sua plataforma de ação foi a máquina a vapor, que, na época, era a grande invenção ou a máquina das máquinas, aplicada aos teares na indústria de tecidos, às bombas de água na indústria metalúrgica (para retirada de água das minas) e aos engenhos na indústria de transportes (locomotivas, barcos e primeiros automóveis).

A máquina a vapor transformou-se, assim, no grande ícone da sociedade industrial moderna e deu ocasião ao surgimento de três grandes práticas, a saber, o maquinismo, a produção em massa e a padronização dos produtos e procedimentos, alterando definitivamente o modo de ver os dispositivos técnicos. A locomotiva, aplicação mais perfeita da ideia de máquina a vapor, evidenciará sua superioridade técnica pela sua simples comparação com a velocidade das carruagens. Se estas viajavam a 12 km/h e eram movidas por duplas de cavalos (que se cansavam e tinham de ser substituídos uma ou mais vezes durante o percurso), as locomotivas viajavam a 45 km/h e podiam seguir o trilho por centenas de quilômetros, sem ser substituídas.

Outro ícone da 1ª Revolução Industrial e concorrente da máquina a vapor é o relógio, imortalizado no filme *Tempos modernos*, de Charles Chaplin, como a metáfora dos novos tempos. O relógio de pêndulo data de séculos antes e é menos icônico, sendo associado diretamente à disciplina do operariado e não à sua alforria por meio da geração da riqueza. Já o relógio a corda figurará como símbolo da sofisticação da máquina, embora também ele acelere a vida e a torne mais pesada com a necessidade de produzir sempre mais.

Para além das máquinas e da mecanização dos processos, o segundo dispositivo técnico da 1ª Revolução Industrial é o trabalho feito por partes e especializado. Essa estratégia teve amplo sucesso nas fábricas de Manchester. Redimensionado para a escala maior da grande indústria, esse trabalho requisitava diferentes especializações por parte dos trabalhadores, refuncionalizando-as e transformando-as. Os empresários industriais, por sua vez, embora enriquecessem em ritmo também alucinado, pagavam salários baixos pelo trabalho realizado por peça. Isso fragmentava as ações dos trabalhadores e submetia o dispositivo do trabalho às coerções da continuidade da jornada, com o objetivo de produzir mais para ganhar mais, e à padronização da produção em massa.

2.2.2. 2ª Revolução Industrial

Transcorrida principalmente nos Estados Unidos, durante a passagem do século XIX ao XX (1870-1920), a 2ª Revolução Industrial teve por berço a cidade de

Detroit. Seu ponto de irradiação foi a indústria automobilística e sua plataforma de ação foi o motor a explosão (motor de combustão interna). Esse motor está na origem de uma série de dispositivos ou motores que irá revolucionar profundamente o modo de vida da Humanidade, por exemplo, os motores mecânicos a diesel, elétricos a turbina e assim por diante.

Além do motor de combustão interna e do grande produto a que ele está associado, o automóvel, outro grande dispositivo técnico da 2ª Revolução Industrial foi a linha de montagem, conhecida como sistema fordista ou fordismo. Consistia em organizar a produção em torno de uma esteira rolante que conduzia as peças até o trabalhador fixo em seu posto para cumprir a tarefa que lhe foi preestabelecida. O resultado foi um aumento exponencial da produtividade, num ciclo capaz ao mesmo tempo de reduzir o custo da unidade produzida (o carro) e aumentar o lucro total do capital investido (aumento da escala ou do volume produzido).

O outro lado da moeda do fordismo foi a organização científica do trabalho. Por um lado, essa organização promovia a fragmentação ainda maior do trabalho, fundamentando-se em estudos científicos sobre o uso do tempo no desempenho das tarefas; por outro lado, separava as funções de execução e as funções de concepção – as primeiras entregues aos operários, que desenvolviam uma função mecânica, repetitiva, sem a necessidade de pensar, ao passo que as segundas eram entregues aos gerentes e aos engenheiros, que refletiam sobre o produto final, planejavam as ações e fixavam as metas para o conjunto dos trabalhadores.

Enquanto os engenheiros e os gerentes ficavam em seus escritórios, os trabalhadores ficavam nas linhas de frente e passavam suas vidas no chão da fábrica. Essa visão inaugurada na 2ª Revolução Industrial chama-se *taylorismo*, evocando seu criador, o engenheiro norte-americano Frederick Taylor [1856- -1915], e vigora ainda hoje. Embora tenha surgido antes do fordismo, ela se revelará como a sua alma gêmea e o seu complemento essencial.

2.2.3. 3ª Revolução Industrial

Iniciada na década de 1970 e tendo por berço o Vale do Silício, nos Estados Unidos, a 3ª Revolução Industrial tem por centro irradiador o setor de serviços, e por plataforma de ação, o computador. Seu predecessor e grande rival é o carro ou, antes, um novo sistema de fabricação de carros, o *toyotismo*, implantado na fábrica da Toyota, sediada na cidade com mesmo nome, no Japão. A base é uma nova divisão técnica do trabalho, que se revelará como o antípoda da produção seriada, padronizada e em massa do fordismo americano. O toyotismo é centrado no consumo e na necessidade de atender às demandas específicas da clientela, ao passo que no fordismo a produção era o elemento dinâmico e central, condicionando o consumo à fabricação do artigo. O toyotismo é também caracterizado pela flexibilidade dos processos e os *team-works*, ou seja, as equipes profissionais multifuncionais e horizontalizadas, dotadas de autonomia para definir tarefas e resolver problemas. As grandes corporações farão largo uso das novas tecnologias geradas pela microeletrônica, como o computador, a máquina CNC (Controle Numérico Computadorizado), o robô, o sistema integrado à telemática (telecomunicações informatizadas) e outros recursos desse tipo.

Assim, a mais importante de todas essas tecnologias e o grande ícone da 3ª Revolução Industrial é o computador. Máquina adaptável, ao ser acionado, o computador integra uma máquina (*hardware*) e um programa (*software*) sob o comando do *chip*, que está para o computador assim como o motor a combustão está para o carro. O resultado é uma máquina especial a todos os títulos e mesmo espetacular. Diferente da máquina comum (marcada por sua rigidez, seu embotamento e sua dependência de um técnico), a máquina do computador é um dispositivo inteligente, reprogramável e mesmo autoprogramável. A Toyota pôde, assim, coordenar as demandas externas e individualizadas da clientela às capacidades internas e flexibilizadas da fábrica, expandindo-as e turbinando-as ao associá-las com os métodos da qualidade total e a técnica do *just in time* (hora exata) interno e externo.

Mais do que as suas aplicações industriais, todavia, a escala e o potencial revolucionador dessa nova máquina genial – a máquina cibernética ou simplesmente o computador – se revelarão depois com uma amplitude muito maior do que a indústria. Ela revoluciona o setor de serviços e a vida doméstica dos indivíduos, pois cria uma nova cultura e uma nova sociedade: a sociedade pós-industrial, à qual se refere

Byung-Chul Han [1959-] ao colocar em relevo o trabalhador pós-moderno como um animal hiperativo e hiperneurótico.

2.3. Dois paradigmas da relação entre trabalho e técnica

A fim de refletir sobre o significado antropológico do trabalho no contexto gerado pelas três revoluções industriais, vale analisar dois modelos que orientaram a concepção do trabalho no Ocidente: o modelo do escultor, tomado de Aristóteles e referido ao artesanato, e o modelo do engenheiro, tomado de Simondon e coextensivo às sociedades industriais.

2.3.1. O modelo do escultor

O escultor era visto por Aristóteles como aquele que produz algo ao imprimir uma forma ou uma essência em uma porção de matéria (modelo chamado de *hilemórfico*, pois *hylé*, em grego, significava a matéria, enquanto *morphé* designava a forma ou essência).

A figura mais emblemática de escultor era Hermes de Policleto, mencionado por Aristóteles na *Metafísica*. Para além do composto de matéria e forma, a escultura resultava também do movimento pelo qual o escultor imprime a forma na matéria. Esse movimento chamava-se de causa eficiente e relacionava-se também com a finalidade da obra produzida (causa final). Assim, o escultor, ao talhar o bloco de mármore, imprimia a forma (essência de ser humano, por exemplo) na matéria (o mármore) e determinava que essa escultura adornaria uma estrada (causa final). Toda essa produção era o trabalho do escultor (causa eficiente).

A produção de Hermes de Policleto entrava na categoria das obras de arte ou de belas artes. Por isso, sua causa final ou finalidade última era a fruição do belo, não a utilidade típica das artes "úteis" ou mecânicas. Já a produção de Héron de Alexandria [10 d.C.--80 d.C.], matemático e também mecânico como Arquimedes, inventor da primeira máquina a vapor, a eolípila, encaixava-se na categoria das artes "úteis", pois visava uma finalidade pragmática (causa final) para além da mera fruição da beleza.

O trabalho, seguindo o modelo do escultor, teria um valor de produção controlado pelo trabalhador que sabe o que pretende fazer (causa formal), a base sobre a qual pode fazer (causa material), a finalidade (causa final) e o movimento mesmo que ele deve imprimir para produzir (causa eficiente). Seria, portanto, um processo inteiramente controlado pelo trabalhador e baseado num cálculo de fins e meios.

2.3.2. O modelo do engenheiro

O engenheiro desse modelo não é qualquer engenheiro (reduzido a técnico e a reparador de máquinas), mas o engenheiro que concebe os processos e os antecipa, como viu Taylor, o criador do taylorismo, ao introduzir a cisão entre trabalho de concepção e trabalho de execução. Esse engenheiro é mais bem expresso na figura do inventor, aludida por Gilbert Simondon no capítulo final de sua obra *O modo de existência dos objetos técnicos*.

Nessa obra essencial, embora infelizmente ainda não traduzida para o português, Simondon propõe a inversão da perspectiva do escultor e não concebe mais o trabalho como processo controlado pelo trabalhador nem como resultado de uma misteriosa ação da forma na matéria. Em vez disso, ele concebe o modelo da *atividade técnica*, que não pode ser identificada com o trabalho, vendo no *érgon* ou no trabalho um simples aspecto da atividade técnica e não o seu oposto, podendo, então, nela ser integrado com vantagens.

Nesse novo quadro analítico, o fundamento ou enraizamento da atividade técnica é a *poíesis*, a operação à qual se junta a fabricação ou a produção de alguma coisa. Nela, a produção e a formação de tudo são primeiro uma invenção; só depois são formatação e enformação ou conformação de alguma coisa, assim como ocorre na cerâmica, pois é a argila que toma a forma do molde e não o artífice que lhe dá a forma. Portanto, a produção não tem nada de misterioso.

Compreendida como *poíesis*, e não como *práxis* ou *érgon*, a atividade técnica, segundo Simondon, seria marcada por três características: (i) o pensamento técnico se basta e sua natureza é prática e resolutiva, pois a forma é a cristalização material de um esquema operatório e de um pensamento que resolveu um problema; (ii) o pensamento técnico e seu produto não têm nada de utilitário, pois resultam de um conhecimento prático que consiste numa operação e numa enformação, operação que não é da ordem de um trabalho, mas de um "fazer funcionar"; (iii) o pensamento técnico é uma invenção, essa categoria da retórica clássica que a Modernidade expandiu e estendeu aos processos técnicos e tecnológicos, colocando em seu centro o inventor e o criador de artefatos, ou, ainda, é criação e operação intelectual, análoga e ao mesmo tempo diferente do saber científico.

Assim, se fôssemos procurar o paradigma da atividade técnica na perspectiva de Simondon (resposta que ele não fornece, embora deixe pistas), poder-se-ia dizer que esse paradigma é formado por dois componentes ou duas realidades transindividuais, quer dizer, que atravessam os indivíduos: (a) por um lado, aparece o modelo do engenheiro moderno que trabalha em *team-works* ou equipes de trabalho e concebe, isto é, engenha ou inventa artefatos e sistemas inteiros; (b) por outro lado, aparece o inventor autodidata que não trabalha necessariamente em grupo nem possui sempre as luzes da ciência. Nos dois casos, ainda que Simondon não o afirme, é possível ver exemplos que dão razão à máxima aristotélica segundo a qual aquilo que, para fazer, somos obrigados a aprender, só o aprendemos fazendo.

O trabalho, portanto, visto agora como atividade técnica, permite que se efetue a passagem dos fins da práxis (o bem), das artes (o belo) e da *skholé* ou contemplação (a verdade) aos "fins intermediários" e mais prosaicos da busca do conforto e da vida boa. É na reflexão sobre essa passagem que as sociedades podem entender o sentido que dão e querem dar ao trabalho.

Voltando à relação do trabalho com a técnica, na esteira das quatro visões tratadas no capítulo 1, e uma vez antecipado que as visões do trabalho são redundantes às dos dispositivos, lembro aqui que o trabalho pode ser determinado: (i) como instrumento, dando lugar à visão instrumental do próprio trabalho (como viu Aristóteles ao dizer que o escravo era uma espécie de instrumento animado); (ii) como essência, conforme fazia Marx no início de seu pensamento e para quem o trabalho era a essência genérica do homem, acarretando a visão essencialista e metafísica; (iii) como sistema, a exemplo de Taylor e Ford, ao criarem a divisão técnica do trabalho condizente com a produção em série, padronizada e em massa, tendo por dispositivo a linha de produção e exigindo uma visão sistêmica, quer dizer, a organização científica do trabalho; (iv) como crítica e fenômeno sociocultural, a exemplo de Marx, Feenberg e de Marcuse, que criticam a alienação do trabalho na sociedade capitalista, chegando até o pensador atual Jürgen Habermas [1929-], que aprofunda essa crítica ao propor a troca do paradigma do trabalho pelo da interação e da comunicação social.

3. Conclusão

Ao refletir sobre a técnica e o trabalho, mesmo quando se coloca o foco da atenção nos dispositivos técnicos das ferramentas e das máquinas, observa-se que a Humanidade, desde o Paleolítico, promoveu a mais íntima convivência dos órgãos e membros do corpo humano com as ferramentas. Algumas delas, aliás, sofreram apenas variações mínimas e chegaram até os nossos dias, numa demonstração de incrível perenidade. É o caso do machado, por exemplo. Esse dado é importante para mudar a visão estereotipada segundo a qual a técnica é algo artificial ou um acréscimo não natural à vida humana, como se fosse diferente da produção da teia pela aranha ou da colmeia pela abelha.

Data também da Antiguidade a referência mais remota acerca do uso de próteses no corpo humano. Ela pode ser lida na obra do historiador Heródoto [484-

-425 a.C.], que relata o episódio de um prisioneiro que cortou seu pé para livrar-se das correntes e depois o substituiu por um membro artificial de madeira.

Hoje, depois de ter conquistado seu próprio corpo e a Natureza por meio da Ciência e da técnica, o ser humano busca conquistar sua própria mente seguindo o mesmo caminho. É o caso das neurociências, dos fármacos e da engenharia genética.

Por outro lado, ao colocar o foco sobre o dispositivo técnico do trabalho, vê-se que ele passou por um agudo processo de segmentação e dispersão em partes, confirmando-se como atividade técnica e sendo capturado por ela. No entanto, se o trabalho é parte da tecnicidade, também é verdade que houve uma "tecnificação" do trabalho, ou seja, uma transformação da atividade de trabalho em mera ferramenta de processos produtivos e lucrativos. Essa prática será levada ao máximo pelas divisões do trabalho com o maquinismo, o fordismo e o toyotismo. O resultado é a maior das tiranias, a tirania do trabalho tecnificado e dos dispositivos técnicos, sublimada às vezes no trabalho livre e criativo.

Na realidade, a tirania da Natureza foi substituída pela tirania da Sociedade (escravismo, servidão, traba-

lho assalariado) e, ao longo da Modernidade, pela tirania da Técnica (maquinismo, padronização, adestramento). A partir do século XX, porém, vive-se uma tirania da Técnica em grau inimaginado, pois não há campo da vida que não esteja hoje determinado por ela. Essa tirania também proporciona às sociedades mais tempo livre para se aprimorarem e cuidarem de si mesmas. O risco é o de os indivíduos não suportarem o grande vazio de suas vidas, o nada insuportável que os caracteriza, e buscarem preencher-se com ainda mais técnica. Depois de ver ruir antigas crenças e referências milenares, sem poder recorrer à Ciência nem contar com a Filosofia, a tendência é buscar na Técnica e em seu imenso aparato, incluindo o trabalho, o grande escape e o último refúgio. O resultado seria o surgimento dos "hedonistas sem coração", como dizia Max Weber. Eles talvez já existam; podem ser os renitentes *workaholics* (viciados em trabalho) ou os sublimados "descolados" que só buscam o *divertissement* (o divertimento) de que já falava Blaise Pascal [1623-
-1662]. Não é à toa que a carga de trabalho sempre aumenta para alguns ou que a indústria do entretenimento e das férias radicais não deixa de crescer para

outros. No fundo, porém, o que se busca é a compensação do vazio, a neutralização da ansiedade e a tentativa irrealizável de evasão de si mesmo.

Em meio ao niilismo (que chegou ao ápice na Contemporaneidade), a saída não deve ser buscada, porém, na técnica. Aliás, não foi ela que gerou esse problema. Também não é na técnica que se deve buscar a solução para o trabalho que se "tecnificou" e se alienou. Tal solução deve ser buscada em nós mesmos e em nossa experiência interior, dimensão onde se dá a experiência do pleno e do vazio, experiência de resto não sensualista nem psicológica, mas existencial e metafísica.

OUVINDO OS TEXTOS

Texto 1. Aristóteles (384-322 a.C.), *Arte e experiência*

Todos os homens têm, por natureza, desejo de conhecer: uma prova disso é o prazer das sensações, pois, fora até da sua utilidade, elas nos agradam por si mesmas; mais do que todas as outras, as sensações visuais são, entre todos os sentidos, as que melhor nos fazem conhecer as coisas e mais diferenças nos descobrem. [...]. Por natureza, seguramente, os animais são dotados de sensação, mas, nuns, da sensação não se gera a memória; e noutros gera-se. Por isso, estes são mais inteligentes e mais aptos para aprender do que os que são incapazes de recordar. [...] Diferentemente, a espécie humana vive também de arte e raciocínios, [...] porque a experiência, como bem afirma Pólos, [...] criou a arte; já a inexperiência gera o acaso. E a arte aparece quando, de um complexo de noções experimentadas, se exprime um único juízo universal sobre tudo o que é semelhante. [...] Ora, no que respeita à vida prática, a experiência em nada parece diferir da arte; vemos até os empíricos acertarem melhor do que os que possuem o conhecimento, mas não a experiência. Isso porque a experiência é conhecimento dos singulares; e a arte, dos universais; e por outro lado porque as operações e as gerações todas dizem respeito ao singular. Com efeito, o médico não cura o homem em geral, se não por acidente, mas a Cálias e a Sócrates ou a qualquer outro assim designado, ao qual acontece também ser homem. [...] No entanto, nós julgamos que há mais saber e conhecimento na arte do que na experiência; e consideramos os homens de arte mais sábios do que os empíricos [...]. Afinal, aqueles conhecem a causa; estes, não. Com efeito, os empíricos sabem o "quê", mas não o "porquê"; ao passo que os outros sabem o "porquê" e a "causa". Por isso, nós pensamos que os mestres de obras, em todas as coisas, são mais apreciáveis e sabem mais do que os operários, pois eles conhecem as causas do que se faz, enquanto estes, à semelhança de certos seres inanimados, agem, mas sem saber o que fazem, tal como o fogo [quando] queima. [...]. Não são, portanto, mais sábios [os mestres] por terem aptidão prática, mas pelo fato de possuírem a teoria e conhecerem as causas. Em geral, a possibilidade de ensinar é indício de saber; por isso nós consideramos mais ciência a arte do que a experiência, porque [os homens de arte] podem ensinar; e os outros, não. Além disso, não julgamos que qualquer das sensações constitua a ciência, embora elas constituam, sem dúvida, os conhecimentos mais seguros dos singulares. Mas não dizem o "porquê" de coisa alguma, por exemplo, porque o fogo é quente, mas só que é quente. É portanto verossímil que quem primeiro encontrou uma arte qualquer, fora das sensações comuns, excitou a admiração dos homens, não somente em razão da utilidade da sua descoberta, mas por ser sábio e superior aos outros. E com o multiplicar-se das artes, umas em vista das necessidades, outras da satisfação, sempre continuamos a considerar os inventores dessas últimas mais sábios do que os das outras, porque suas ciências [artes] não se subordinam ao útil. De modo que, constituídas todas [as ciências] desse gênero, outras se descobriram que não visam nem ao prazer nem à necessidade, e primeiramente naquelas regiões onde [os homens] viviam no ócio. É assim que, em várias parte do Egito, se organizaram pela primeira vez as artes matemáticas, porque aí se consentiu que a casta sacerdotal vivesse no ócio. [...] Como já se notou, o empírico parece ser mais sábio que o ente que possui uma sensação qualquer; o homem de arte parece mais do que os empíricos, o mestre de obras mais do que o operário, e as ciências teoréticas mais do que as práticas.

> ARISTÓTELES. *Metafísica* I, 1. Trad. Vincenzo Cocco. São Paulo: Abril, 1973, pp. 211-3 (Col. "Os Pensadores"). Trad. adaptada por Ivan Domingues.

Texto 2. Aristóteles (384-322 a.C.), *A arte é da ordem da produção e do variável*

Toda arte visa à geração e se ocupa em inventar e em considerar as maneiras de produzir alguma coisa que tanto pode ser quanto não ser, e cuja origem está no que produz o artífice, e não no que é produzido (o artefato). Com efeito, a arte não se ocupa nem com as coisas que são ou que se geram por necessidade, nem com as que o fazem de acordo com a natureza (pois essas têm sua origem em si mesmas). [...] Em certo sentido, o acaso e a arte versam sobre as mesmas coisas.

Como diz Agatão: "A arte ama o acaso; e o acaso ama a arte." Logo, como dissemos, a arte é uma disposição que se ocupa de produzir, envolvendo o reto raciocínio; e a carência de arte, pelo contrário, é tal disposição acompanhada de falso raciocínio. E ambas dizem respeito às coisas que podem ser diferentemente.

ARISTÓTELES. *Ética a Nicômaco* IV, 10. Trad. Leonel Vallandro e Gerd Borheim. São Paulo: Abril, 1973, pp. 103-4 (Col. "Os Pensadores"). Trad. adaptada por Ivan Domingues.

Texto 3. Francis Bacon (1561-1626), *Técnica e ciência*

Prolongamento da vida. / Restituição em algum grau da juventude. / Retardar o envelhecimento. / Curar as doenças consideradas incuráveis. / Amenizar a dor. / Purgativos mais acessíveis e menos repugnantes. / Aumentar a força e a atividade. / Aumentar a capacidade para suportar a tortura e a dor. / Alterar as compleições, a gordura e a magreza. / Alterar a estatura. / Alterar os traços. / Aumentar e potencializar as partes intelectuais. / Transformações de um corpo em outro. / Fabricar novas espécies. / Transplantar uma espécie em outra. /

Instrumentos de destruição, como aqueles de guerra e de envenenamento. / Tornar os espíritos alegres, e colocá-los em boa disposição. / Poder da imaginação sobre outro corpo e sobre o próprio corpo. / Aceleração do tempo das maturações. / Aceleração do tempo das purificações. / Aceleração da putrefação. / Aceleração da decocção. / Aceleração da germinação. / Fabricar para a terra compostos ricos; [aumentar] a pressão atmosférica e causar tempestades. / Grande alteração, como no endurecimento e no amolecimento etc., transformando substâncias cruas e aguadas em oleosas e untuosas. / Produzir alimentos novos a partir de substâncias que não são utilizadas [com esta finalidade]. / Fabricar novos fios para vestimentas; e novos materiais, tais como papel e vidro, etc. / Predições naturais. / Ilusões dos sentidos. / Maiores prazeres para os sentidos. / Minerais artificiais e cimentos.

FRANCIS BACON, "Maravilhas naturais, sobretudo aquelas que servem ao ser humano". Trecho traduzido por Ivan Domingues com base na edição inglesa: BACON, F. *The Works of Francis Bacon*. Vol. V. Boston: Houghton, Mifflin/The Riverside Press, 1900, pp. 416-7.

Texto 4. René Descartes (1596-1650), *Conhecimentos úteis à vida*

Mas, assim que adquiri algumas noções gerais sobre a Física e que, começando a experimentá-las em diversas dificuldades específicas, notei até onde elas podem conduzir e o quanto diferem dos princípios até agora utilizados, julguei que não as poderia manter ocultas sem pecar gravemente contra a lei que nos obriga a propiciar, na medida do possível, o bem geral de todos os homens. Pois elas me mostraram que é possível chegar a conhecimentos muito úteis à vida, e que, ao invés dessa filosofia especulativa ensinada nas escolas, pode-se encontrar uma filosofia prática, mediante a qual, conhecendo a força e as ações do fogo, da água, do ar, dos astros, dos céus e de todos os outros corpos que nos rodeiam, tão distintamente como conhecemos os diversos ofícios de nossos artesãos, poderíamos empregá-las do mesmo modo em todos os usos a que são adequadas e assim nos tornarmos como que senhores e possessores da natureza.

DESCARTES, R. *Discurso do método*. 6ª parte. Trad. Maria Ermantina de Almeida Prado Galvão. São Paulo: WMF Martins Fontes, 2014, pp. 103-4

Texto 5. Martin Heidegger (1889-1976), *A essência e o perigo da técnica*

Muito se diz que a técnica moderna é incomparavelmente diversa de toda técnica anterior porque se apoia e se assenta na moderna ciência exata da Natureza. Entrementes, percebeu-se com mais nitidez que o inverso também vale: como ciência experimental, a Física moderna depende de aparelhagens técnicas e do progresso da construção de aparelhos. É correta a constatação dessa recíproca influência entre técnica e física. Mas torna-se apenas mera constatação histórica de fatos e não diz nada a respeito do fundo e fundamento em que se baseia essa dependência recíproca. A questão decisiva permanece: de que essência é a técnica moderna para poder chegar a utilizar as ciências exatas da Natureza? O que é a técnica moderna? Também ela é um desencobrimento. Somente quando se percebe esse traço fundamental é que se mostram a novidade e o novo da técnica moderna. O desencobrimento dominante na técnica moderna não se desenvolve, porém, numa produção entendida como *poíesis*. O desencobrimento que rege a técnica moderna é uma exploração que impõe à Natureza a pretensão de fornecer energia capaz de, como tal, ser beneficiada e armazenada. Isso também não vale relativamente ao antigo moinho de vento? Não! Suas alas giram sem dúvida ao vento e são diretamente confiadas a seu sopro. Mas o moinho de vento não extrai energia das correntes de ar para armazená-la. [...] O desencobrimento que domina a técnica moderna possui como característica o pôr, no sentido de explorar. Essa exploração se dá e acontece num múltiplo movimento: a energia escondida na Natureza é extraída; o extraído vê-se transformado; o transformado, estocado; o estocado, distribuído; o distribuído, reprocessado. Extrair, transformar, estocar, distribuir, reprocessar são todos modos de desencobrimento. Todavia, esse desencobrimento não se dá simplesmente. Tampouco perde-se no indeterminado. Pelo controle, o desencobrimento abre para si mesmo suas próprias pistas, entrelaçadas numa trança múltipla e diversa. Por toda parte, assegura-se o controle. Pois controle e segurança constituem até as marcas fundamentais do desencobrimento explorador. [...] Se o desencobrimento não for um simples feito do homem, onde é e como é que ele se dá e acontece? Não carece procurar muito longe. Basta perceber, sem preconceitos, o apelo que já sempre solicita o homem e de maneira tão decisiva que somente nesse apelo ele pode vir a ser homem. Sempre que o homem abre olhos e ouvidos e desprende o coração, sempre que se entrega a pensar sentidos e a empenhar-se por propósitos, sempre que se solta em figuras e obras ou se esmera em pedidos e agradecimentos, ele se vê inserido no que já se lhe revelou. O desencobrimento já se deu, em sua propriedade, todas as vezes que o homem se sente chamado a acontecer em modos próprios de desencobrimento. Por isso, desvendando o real, vigente com seu modo de estar no desencobrimento, o homem não faz senão responder ao apelo do desencobrimento, mesmo que seja para contradizê-lo. Quando, portanto, nas pesquisas e investigações, o homem corre atrás da Natureza, considerando-a um setor de sua representação, ele já se encontra comprometido com uma forma de desencobrimento. Trata-se da forma de desencobrimento da técnica que o desafia a explorar a Natureza, tomando-a por objeto de pesquisa até que o objeto desapareça no não objeto da disponibilidade. Sendo desencobrimento da disposição, a técnica moderna não se reduz a um mero fazer do homem. Por isso, temos de encarar, em sua propriedade, o desafio que põe o homem a dispor do real, como disponibilidade. Esse desafio tem o poder de levar o homem a concentrar-se na disposição. Está em causa o poder que o leva a dispor do real, como disponibilidade. [...] Chamamos aqui de composição (*Gestell*) o apelo de exploração que reúne o homem a dispor do que se desencobre como disponibilidade. Aventuramo-nos a empregar essa palavra, "composição" (*Gestell*), num sentido até agora inteiramente inusitado. De acordo com o uso corrente, *Gestell* (composição) designa um equipamento, por exemplo, uma estante de livros (*Büchergestell*). *Gestell* significa também o esqueleto. [...] Composição, *Gestell*, significa a força da reunião daquele por que põe, ou seja, que desafia o homem a desencobrir o real no modo da disposição, como disponibilidade. Composição (*Gestell*) denomina, portanto, o tipo de desencobrimento que rege a técnica moderna, mas que, em si mesmo, não é nada técnico. Pertence ao técnico tudo o que conhecemos do conjunto de placas, hastes, armações e que são partes integrantes de uma montagem. [...] A Natureza, expondo-se como um sistema operativo e calculável de forças, pode proporcionar constatações corretas, mas é justamente por tais resultados que o desencobrimento pode se tornar o perigo de o verdadeiro se retirar do correto. O destino do desencobrimento não é, em si mesmo, um perigo qualquer, mas "o" perigo. Se, porém, o destino impera segundo o modo da composição, ele se torna o maior perigo, o perigo que se anuncia em duas frentes. Quando o descoberto já não atinge o homem como objeto, mas exclusivamente como disponibilidade, quando, no domínio do não objeto, o homem se reduz apenas a dispor da disponibilidade, então é que ele chegou à última beira do precipício, lá onde ele mesmo só se toma por disponibilidade. E é justamente este homem assim ameaçado que se alardeia na figura de senhor da Terra. Cresce a aparência de que tudo que nos vem ao encontro só existe na medida em que é um feito do homem. Essa aparência faz prosperar uma derradeira ilusão, aquela segundo a qual, em toda parte, o homem só se encontra consigo mesmo.

HEIDEGGER, M. "A questão da técnica". In: *Ensaios e conferências*. Trad. Emmanuel Carneiro Leão *et al*. Petrópolis: Vozes, 2002, pp. 18-9, 20, 22-3 e 29. Trad. adaptada por Juvenal Savian Filho.

Texto 6. Gilbert Simondon (1924-1989), *O trabalho é uma parte da unidade técnica*

Até hoje, a realidade do objeto técnico ficou em segundo plano, atrás da realidade do trabalho humano. O objeto técnico sempre foi entendido por meio do trabalho humano; foi pensado e julgado como instrumento, como adjuvante ou como produto do trabalho. Porém, em favor do próprio ser humano, seria preciso poder operar uma inversão que fizesse aparecer diretamente aquilo que há de humano no objeto técnico, sem passar pela relação com o trabalho. É o trabalho que deve ser conhecido como fase da tecnicidade; e não a tecnicidade como fase do trabalho. Afinal, é a tecnicidade que dá a unidade da qual o trabalho é uma parte, não o contrário. [...] Dessa perspectiva, o trabalho pode ser tomado como aspecto da operação técnica, que não se reduz ao trabalho. Há trabalho somente quando o ser humano deve dar seu organismo como portador de ferramentas, quer dizer, quando o ser humano deve acompanhar o desenrolar etapa por etapa da relação humano-Natureza pela atividade de seu organismo, de sua unidade somatopsíquica. O trabalho é a atividade pela qual o ser humano realiza em si mesmo a mediação entre a espécie humana e a Natureza. Dizemos que, nesse caso, o ser humano opera como portador de ferramentas porque nessa atividade ele age sobre a Natureza e segue essa ação passo a passo, gesto por gesto. Há trabalho quando o ser humano não pode confiar ao objeto técnico a função de mediação entre a espécie e a

Natureza, devendo ele mesmo completar, por seu corpo, seu pensamento e sua ação, aquela função de relação. O ser humano oferece, então, sua própria individualidade como ser vivo para organizar essa operação; é assim que ele se torna portador de ferramentas. [...] A atividade do trabalho é o que faz a ligação entre a matéria natural e a forma de proveniência humana. O trabalho é uma atividade que consegue fazer coincidir ou tornar sinérgicas duas realidades tão heterogêneas como a matéria e a forma. Ora, a atividade do trabalho torna o ser humano consciente dos dois termos que ele põe sinteticamente em relação, porque o trabalhador deve ter os olhos fixos sobre esses dois termos que é preciso aproximar (essa é a norma do trabalho), não sobre a interioridade mesma da operação complexa pela qual essa aproximação é obtida. Em benefício dos termos, o trabalho encobre a relação.

SIMONDON, G. *O modo de existência dos objetos técnicos.* Conclusão. Trad. Juvenal Savian Filho, com base em: *Du mode d'existence des objets techniques.* Paris: Aubier, 1958, pp. 241-2.

Texto 7. Byung-Chul Han (1959-), *O animal trabalhador pós-moderno é hiperativo e hiperneurótico*

Segundo Hannah Arendt [1906-1975], a sociedade moderna, por ser uma sociedade do trabalho, aniquila toda possibilidade de agir e degrada o ser humano à categoria de *animal laborans* – animal trabalhador. O agir ocasiona ativamente novos processos, mas o ser humano moderno, ao contrário, estaria exposto passivamente ao processo anônimo da vida. Mesmo o pensamento degeneraria em cálculo como função cerebral. Todas as formas de vida ativa, tanto o produzir como o agir, são reduzidas ao patamar do trabalho. Assim, Hannah Arendt vê a Modernidade – que começou com uma ativação heroica e inaudita de todas as capacidades humanas – terminar numa passividade mortal. Todavia, a explicação de Hannah Arendt para o triunfo do *animal laborans* já não resiste a um teste comprobatório por meio das recentes mudanças sociais. Ela afirma que a vida do indivíduo na Modernidade estaria "totalmente mergulhada na corrente do processo de vida que domina a geração", e que a única decisão individual ativa consistiria apenas em "como soltar-se e renunciar à individualidade" para poder "funcionar" melhor. A absolutização do trabalho caminha de mãos dadas com a evolução, segundo a qual, "em última instância, a vida da espécie se impõe como a única absoluta no surgimento e difusão da sociedade". Arendt acredita ainda que é possível ver indícios do perigo de que "o ser humano pode estar em vias de transformar-se na espécie animal da qual ele começou a descender depois de Darwin". Ela afirma que basta observar todas as atividades humanas a partir de um ponto suficientemente distante para ver que elas não aparecem mais como atividades, mas como processos biológicos. Assim, por exemplo, para um observador distante no espaço, a motorização da vida humana seria vista como um processo de mutação biológica em cujo decurso o corpo humano, assim como faz um caramujo, se recobre de uma casa de metal, ou ainda, assim como fazem as bactérias ao reagir ao antibiótico, modifica-se em espécie mais resistente. Porém, as descrições do *animal laborans* moderno, feita por Arendt, já não correspondem mais às observações da sociedade do desempenho que temos hoje. O *animal laborans* pós-moderno não abandona sua individualidade ou seu ego para entregar-se, pelo trabalho, ao processo de vida anônimo da espécie.

A sociedade laboral transformou-se na sociedade ativa e do desempenho. O *animal laborans* pós-moderno é provido de ego a ponto de dilacerar-se. Ele pode ser tudo, menos passivo. Se renunciássemos a ver sua individualidade e se a fundíssemos inteiramente no âmbito da espécie, teríamos pelo menos a serenidade do animal. Mas, visto com precisão, o *animal laborans* pós-moderno é tudo, menos semelhante ao animal. É hiperativo e hiperneurótico. Deve-se, então, procurar outro tipo de resposta à questão que pergunta por que todas as atividades humanas, na Pós-Modernidade, decaem para o nível do trabalho e por que terminam numa agitação tão nervosa. A perda moderna da fé, que não diz respeito apenas a Deus e ao Além, mas à própria realidade, torna a vida humana radicalmente transitória. Jamais foi tão transitória como é hoje; e transitória não ficou somente a vida humana, mas também o mundo. Nada oferece duração e subsistência. Diante dessa falta de *ser*, surgem nervosismos e inquietações. Pertencer à raça poderia ser algo que ajuda o animal que trabalha a chegar à mesma serenidade dos outros animais. Mas o eu pós-moderno vê-se totalmente isolado. Quanto às religiões, mesmo sendo técnicas da morte – porque suprimem o medo e produzem um sentimento de duração –, tornaram-se obsoletas. A perda geral da capacidade de narrar o mundo reforça o sentimento de transitoriedade e desnuda a vida. O próprio trabalho tornou-se uma atividade nua. O trabalho nu é precisamente a atividade que corresponde à vida nua. Ambos condicionam-se mutuamente. Em virtude da falta de técnicas narrativas de morte surge a coação de conservar a vida nua incondicionalmente sadia. Nietzsche dissera, aliás, que após a morte de Deus a saúde se erigiria como deusa. Se houvesse um horizonte de sentido acima da vida nua, a saúde não seria absolutizada nessas proporções. [...] Precisamente diante da vida nua e radicalmente transitória, reagimos com hiperatividade, com a histeria do trabalho e com a da produção. O aceleramento de hoje tem muito a ver com a carência de ser. A sociedade do trabalho e do desempenho não é uma sociedade livre.

HAN, B.-C. *A sociedade do cansaço*. Trad. Enio P. Giachini. Petrópolis: Vozes, 2015, pp. 41-6. Trad. adaptada por Juvenal Savian Filho.

EXERCITANDO A REFLEXÃO

1. Algumas questões para você compreender melhor o tema:

1.1. Componha um léxico resumido dos termos criados pelos filósofos gregos antigos para exprimir o campo de significados ligados ao trabalho e à técnica.

1.2. Por que é possível dizer que a técnica é tão antiga quanto a própria Humanidade? Quais dados históricos comprovariam essa afirmação?

1.3. É filosoficamente possível defender que a técnica não é algo que se acrescenta artificialmente à experiência humana, mas compõe um todo com ela? Explique e empregue, em sua resposta, a expressão *unidade técnica* (*ensemble technique*), de André Leroi-Gourhan.

1.4. De acordo com o pensamento de Arnold Gehlen, como se podem conceber os fins da técnica em comparação com o corpo humano, seus órgãos e suas funções? Dê exemplos.

1.5. De forma sucinta, apresente as visões instrumental, metafísica, sistêmica e crítica da técnica. Não se esqueça de comentar as variantes da visão sistêmica.

1.6. Sintetize a tipologia do trabalho tal como feita no capítulo 2.

1.7. O que significa inverter a visão costumeira do trabalho e concebê-lo como parte da técnica?

1.8. Apresente as influências mais importantes das três revoluções industriais para a compreensão do trabalho.

1.9. Qual a diferença fundamental entre o modelo do escultor e o modelo do engenheiro para conceber o trabalho e a técnica?

2. Praticando-se na análise de textos.

2.1. Encontre no texto 1 a razão que justifica a conclusão do próprio texto ("o empírico parece ser mais sábio que o ente que possui uma sensação qualquer; o homem de arte parece mais do que os empíricos, o mestre de obras mais do que o operário, e as ciências teoréticas mais do que as práticas").

2.2. Por que, segundo o texto 2, o acaso e a arte, de certo modo, versam sobre as mesmas coisas?

2.3. O texto 3 não contém afirmações nem negações, apenas declarações, desejos ou projetos. Pode, portanto, parecer incompreensível. No entanto, torna-se perfeitamente compreensível se lembrarmos que foi escrito por Francis Bacon e que versava sobre a ciência moderna, antecipando suas potencialidades e possíveis realizações. Explique por que essas informações permitem compreendê-lo. Pense no modelo de uma carta de intenções.

2.4. Como o texto 4 articula o estudo da Física moderna e a busca do bem para todos os seres humanos?

2.5. O texto 5 é estruturado em torno da noção de desencobrimento. Literalmente, desencobrir é o ato de tirar aquilo que cobria algo. Filosoficamente, porém, o texto fala de desencobrimento com um sentido bastante preciso. Encontre a definição desse termo no próprio texto e releia-o. Feito isso, explique: (a) por que o exemplo do antigo moinho de vento é importante para a argumentação do texto?; (b) o que significa dizer que o desencobrimento da técnica desafia o ser humano a explorar a Natureza, tomando-a por objeto de pesquisa até que o objeto desapareça no não objeto da disponibilidade?; (c) por que esse tipo de desencobrimento representa "o" perigo da técnica?

2.6. Por que, segundo o texto 6, há trabalho quando o ser humano oferece seu organismo como portador de ferramentas?

2.7. O texto 7 é construído sobre um debate do autor coreano-alemão Byung-Chul Han com o pensamento da filósofa Hannah Arendt sobre a sociedade. Resuma a posição de Hannah Arendt e apresente a contraposição do autor do texto.

3. Questão complementar 1.

Leia o texto do sociólogo Marcel Mauss:

Para nós, as técnicas são como germes que se desenvolveram no terreno da magia e que a despojaram. Elas se despojaram progressivamente de toda a mística que haviam tomado de empréstimo à magia; os procedimentos que subsistem foram trocando de valor mais e mais; atribuía-se-lhes outrora uma virtude mística, mas não têm nada além de uma ação mecânica.

> MAUSS, M. "Esboço de uma teoria geral da magia".
> In: *Sociologia e antropologia*. Trad. Lamberto Puccinelli.
> São Paulo: Edusp, 1974, p. 170.

Reflita e responda com base na sua experiência: Faz sentido falar de uma mística tomada de empréstimo pela técnica se a técnica nasce do conhecimento racional sobre o mundo? Se admitirmos que a técnica, sendo racional, pode estar fundada sobre a mística e o pensamento mágico (portanto, sobre dimensões que escapam ao controle racional), então seria possível dizer que a atividade racional pode ter outros motores diferentes da própria razão? Argumente.

4. Questão complementar 2.

As visões da técnica deram ensejo a vários mitos que são úteis para pensar o sentido, as implicações antropológicas e as consequências éticas da técnica para a Humanidade. Um desses mitos é o de Prometeu, que tem várias versões.

A mais conhecida é a versão do poeta grego Ésquilo, na tragédia *Prometeu acorrentado*. Depois de ter roubado o fogo dos deuses e dado aos seres humanos, Prometeu, que era um titã, foi condenado a ser acorrentado à beira de um penhasco onde uma ave dilacerava seu fígado, que, por sua vez, se regenerava todos os dias, num castigo que duraria 30 mil anos.

Na era moderna, o mito de Prometeu voltou à cena muitas vezes pela literatura e mesmo pela Filosofia. Alguns estudiosos reconheceram sua mensagem em Francis Bacon e René Descartes, pois ambos revelavam ter consciência de que "desobedeciam" a Natureza ao mesmo tempo que lhe obedeciam, pois seguiam as suas leis e as possibilidades que ela mesma havia dado. Assim, Bacon chega a dizer, na obra *Novum organum*, que ciência e poder coincidem no ser humano; e não se vence a Natureza senão obedecendo-a. Descartes reforça a ideia de vitória sobre a Natureza, afirmando no *Discurso do método* que pelo uso dos recursos da Natureza, tendo a Ciência e a técnica como guia e ferramenta, o ser humano pode tornar-se seu possuidor e senhor da Natureza. Bacon e Descartes, assim, deram voz a um Prometeu vitorioso, que consegue realizar sua proeza e que, mesmo em meio a tormentos que sua vitória possa trazer, sente-se realizado.

No antípoda do Prometeu vitorioso há outro Prometeu nos tempos modernos, aquele encarnado pela personagem *Frankenstein*, do romance de Mary Shelley, publicado em 1818 com o título *Frankenstein ou o Prometeu moderno*. No romance, o doutor Victor Frankenstein, perguntando-se sobre a essência da vida, decide criar um ser vivo com todas as peças possíveis. Ele fica chocado que sua criação seja tão feia, pois mede 2,43 m, tem uma pele amarelada que deixa ver os músculos e as veias, um rosto enrugado, cabelos em excesso, olhos sem cor e um traço preto que marca seus lábios. O doutor rejeita sua criatura, mas ele não era louco ou cruel; ele havia perdido o controle das coisas. A criatura passa então a vagar pelo mundo e sofre com a discriminação e o desgosto das pessoas. Ela se instala perto de uma família que a ensina a falar e a ler. Iludida com a possibilidade de ligar-se a essa família, a criatura tenta se fazer amar, mas é rejeitada violentamente. Tomada de tristeza e de raiva, a criatura decide fazer o mal e assassina o irmão menor do doutor Frankenstein, dizendo que ela também podia criar: podia criar o desespero. Vendo que sua estratégia não era boa, a criatura volta a ver o doutor Frankenstein e promete parar de fazer o mal caso o doutor lhe criasse uma companheira. Doutor Frankenstein inicia a produção da companheira para o "monstro", mas desiste no último momento, temendo fazer um mal ainda maior. A criatura se vinga, então, e assassina o melhor amigo de Frankenstein; depois assassina também sua noiva. Doutor Frankenstein decide perseguir sua criatura e vai ao seu encontro no Polo Norte, mas morre de frio. Antes de morrer, doutor Frankenstein conta sua história ao capitão Walton, explorador dos mares que o recolheu em seu barco. O "monstro" surge sobre o barco, conversa com Walton e lhe explica que seus crimes também o fizeram sofrer muito. Em seguida, escapa em meio ao nevoeiro e não dá mais notícia.

Este fim nada edificante – envolvendo as relações tumultuadas do criador e da criatura, com o criador perdendo o controle do processo, a criatura se insurgindo contra o criador e a Ciência/técnica se revelando como algo perigoso – deu origem ao chamado "efeito Frankenstein", que faz lembrar a figura do aprendiz do feiticeiro e que se tornou emblemático na trajetória da Ciência e da técnica.

A partir dessas informações, aponte a diferença entre os Prometeus antigo e moderno e posicione-se a respeito de qual dos Prometeus modernos a Ciência e a técnica, em sua trajetória posterior, acabaram por dar razão: ao de Shelley ou ao da dupla Bacon/Descartes?

DICAS DE VIAGEM

1. Filmes

O filme que mais bem retrata a relação entre técnica e trabalho é, sem dúvida, *Tempos modernos*. Mas também *Robocop*, *Blade Runner*, *Gattaca*, *Inteligência artificial* e *Matrix*, com cunho futurista, exploram os limites do humano, a maquinização do ser humano e a humanização da máquina, o *biodesign* e as manipulações genéticas em ambientes de tecnologias extensionistas, fusionistas e melhoristas. O filme *Gattaca* se revela como o protótipo de tecnologias melhoristas da engenharia genética. Já *Matrix* representa tecnologias fusionistas e reduplicativas (o cérebro plugado em máquinas e a criação de uma realidade virtual), enquanto *Blade Runner* inspira-se de tecnologias da extensão de capacidades e características humanas a robôs humanoides. Há também o filme *Frankenstein*, de 1931, que retrata de perto a novela de Mary Shelley. A versão de 2013 é mais comercial e em estilo hollywoodiano, mas não deixa de corresponder ao livro. Por fim, o documentário *All Watched Over by Machines of Loving Grace* [Tudo vigiado por máquinas de adorável graça], de Adam Curtis (2011), uma série de três episódios produzida inicialmente para a BBC, apresenta propostas heterogêneas de integração entre ser humano e máquina. A versão brasileira legendada pode ser encontrada na Internet: http://docu.larevolucionesahora.com/index.php/categoria-sociedade/tudo-vigiado-por-maquinas-de-adoravel-graca.

2. Literatura

Minha recomendação em primeiro lugar é *O admirável mundo novo*, de Aldous Huxley, o melhor de todos. Mas também *Frankenstein*, de Mary Shelley. A obra genial *1984*, de George Orwell, trata de política e tecnologia, mostrando dispositivos técnicos a serviço de regimes totalitários. As duas obras intituladas *Fausto*, uma de Goethe e outra de Thomas Mann, permitem pensar a tecnologia por expansão metafórica como potência fáustica e perigosa.

3. Visita a museus

Trata-se de uma atividade indispensável para todos aqueles que desejam adquirir um mínimo de cultura tecnológica, pois, embora vivamos num mundo cada vez mais tecnologizado, somos também marcados por uma profunda pobreza cultural ligada à história da tecnologia. Curiosamente, a tecnologia se impõe a nós mas também faz questão de apagar seu passado, pois o passado, no mundo de hoje, é associado com coisas ultrapassadas e sem utilidade.

No Brasil, há três museus relacionados ao tema: os museus de ciência e tecnologia da Universidade Federal de Outro Preto, na cidade de Ouro Preto, da Universidade de São Paulo, na capital do estado de São Paulo, e da Pontifícia Universidade Católica do Rio Grande do Sul, na cidade de Porto Alegre. Em Belo Horizonte há também o Museu de Artes e Ofícios. Uma rápida pesquisa na internet permitirá que você obtenha os endereços desses museus e tenha uma visão prévia de tudo o que eles reservam para a sua visita.

Caso você tenha a possibilidade de viajar para o exterior, as opções de museus multiplicam-se incrivelmente. Na França, você pode visitar o Musée des Arts et Métiers, bem como a Cité des Sciences et de l'Industrie, ambos em Paris. O primeiro é mais tradicional e foi fundado em 1794; o segundo é mais ousado e atual, fundado em 1986, e conta com exposições interativas. A arquitetura do prédio por si só já merece a visita. Na Inglaterra, você pode ir ao Science Museum, com sua dupla proposta de exibir peças de ciência e tecnologia (os visitantes podem apreciar a réplica do modelo do DNA criado por Watson e Crick em 1953) e também originais de artefatos tecnológicos não menos icônicos, como um exemplar da máquina a vapor de James Watt, de 1777, e do primeiro motor a jato, além do módulo da Apolo X, a segunda nave a desembarcar na Lua, datado de 1969. Na Alemanha, há o Museu de Ciência e Tecnologia (Deutsches Museum), em Munique. É considerado um dos melhores do mundo. Nos Estados Unidos, você pode visitar a Smithsonian Institution, em Washington. Em Nova

York, há o Intrepid Sea, Air & Space Museum, onde estão expostos o porta-aviões Intrepid, o ônibus espacial Enterprise, exemplares dos jatos mais velozes do mundo e um submarino guiado por mísseis. No Japão, é obrigatória a visita ao National Museum of Emerging Science and Innovation, em Tóquio.

Digitando o nome desses museus estrangeiros em motores de busca na internet, você já poderá fazer uma bela viagem sem mesmo sair de casa. Isso certamente aguçará sua curiosidade e, quem sabe, motivará você a organizar-se para um dia conhecê-los pessoalmente.

LEITURAS RECOMENDADAS

1. Os títulos que orientaram o caminho seguido neste livro foram:

CATTANI, A. D. & HOLZMANN, L. (orgs.). *Dicionário de trabalho e tecnologia*. Porto Alegre: Zouk, 2011.

DOMINGUES, I. Três visões da técnica. In: *Labirintos da filosofia – Festschrift aos 60 anos de Oswaldo Giacoia Jr.* Campinas: PHI, 2014.

FEENBERG, A. *Transforming Technology: a Critical Theory Revisited*. Oxford: Oxford University Press, 2002.

———. *Questioning Technology*. Nova York: Routledge, 2006.

GEHLEN, A. *Antropología filosófica*. Barcelona: Paidós, 1993.

GOBRY, I. *Vocabulário grego de filosofia*. São Paulo: WMF Martins Fontes, 2007.

HAN, B.-C. *A sociedade do cansaço*. Trad. Enio P. Giachini. Petrópolis: Vozes, 2015.

HEIDEGGER, M. "A questão da técnica". In: *Ensaios e conferências*. Trad. Emmanuel Carneiro Leão *et al.* Petrópolis: Vozes, 2002.

LEROI-GOURHAN, A. *Evolução et techniques*. 2 vols. Trad. Fernanda Pinto Basto. Lisboa: Edições 70, 2011.

MARCHESINI, R. *Posthuman*. Turim: Bolatti Boringhieri, 2002.

MARX, K. *Manuscritos econômico-filosóficos*. Trad. Jesus Ranieri. São Paulo: Boitempo, 2004.

MCLUHAN, M. *Os meios de comunicação como extensão do homem*. Trad. Décio Pignatari. São Paulo: Cultrix, 1996.

ROUSSEAU, J.-J. *Discurso sobre as ciências e as artes*. Trad. Lourdes Santos Machado. São Paulo: Abril Cultural, 1973.

SIMONDON, G. *Du mode d'existence des objets techniques*. Paris: Aubier, 2001.

WINNER, L. "Resistance is Futile: the Posthuman Condition and its Advocates". In: BAILLIE, H. W. & CASEY, T. K. [orgs.]. *Is Human Nature Obsolete? Genetics, Bioengineering and the Future of the Human Condition*. Cambridge: The MIT Press, 2005.

2. Além dos títulos indicados e cuja leitura recomendamos vivamente, os seguintes títulos podem contribuir com sua viagem pelo tema da técnica e do trabalho:

ANTUNES, R. *Os sentidos do trabalho*. São Paulo: Boitempo, 2000.

A sociedade do trabalho possibilitou a aparência do descentramento da categoria "trabalho" e da perda de centralidade do ato laborativo no mundo contemporâneo. O autor alerta para o fato de que o entendimento das mutações em curso no mundo operário obrigam a ir além das aparências. Lembra que o sentido dado ao trabalho pelo capital é completamente diverso do sentido que a humanidade confere a ele.

CUPANI, A. *Filosofia da tecnologia: um convite*. Florianópolis: UFSC, 2013.

Obra panorâmica que pretende oferecer uma visão filosófica da tecnologia, mostrando que ela não se reduz à engenharia, pois afeta e desafia todas as áreas da experiência humana. Mostra como a tecnologia suscita uma reflexão filosófica de conjunto, pois aciona a ontologia, a epistemologia, a ética, a estética e a política.

GALIMBERTI, U. *Psiche e techne: o homem na idade da técnica*. Trad. José Maria de Almeida. São Paulo: Paulus, 2005.

Livro que aborda a técnica não como mero instrumento à disposição humana, mas como ambiente no qual o ser humano está mergulhado. Propõe uma revisão dos conceitos de indivíduo, identidade, libertação, salvação, ver-

dade, objetivo, consciência, bem como de Natureza, ética, política, religião, história, dos quais se nutria a idade humanística e que agora, na idade da técnica, devem ser reconsiderados ou refundados radicalmente.

MARTINS, H. *Experimentum humanum: civilização tecnológica e condição humana.* Belo Horizonte: Fino Traço, 2012.
O autor procura explorar, à luz da moderna Filosofia e sociologia da Ciência, as fronteiras dos debates conceituais e morais a respeito da Ciência contemporânea.

TAKAHASHI, R. H. C. *Estrutura do conhecimento tecnológico do tipo científico.* Belo Horizonte: UFMG, 2009.
Ensaio que aborda a epistemologia do conhecimento tecnológico e a dinâmica da sua geração, procurando identificar os elementos reguladores de racionalidade epistemológica constituintes dessa dinâmica. Trata-se da perspectiva da engenharia. O autor, engenheiro de formação, procurou nessa obra o embasamento filosófico para pensar a relação entre tecnologia e engenharia.

Impressão e acabamento:

Orgrafic
Gráfica e Editora
tel.: 25226368